浙江省社科联人文社科出版资助项目（18BF05）

"一带一路"

世界文化遗产与文明交流互鉴

侯富儒　编著

浙江工商大学出版社
ZHEJIANG GONGSHANG UNIVERSITY PRESS

一带一路经济走廊及其途经城市分布地势图

丝绸之路：
起始段和天山廊道的路网·汉长安城未央宫遗址护城河

丝绸之路：
始段和天山廊道的路网·汉长安城未央宫遗址

丝绸之路：
起始段和天山廊道的路网·唐长安城大明宫遗址

丝绸之路：
起始段和天山廊道的路网·大雁塔

丝绸之路：
起始段和天山廊道的路网·唐长安城大明宫遗址丹凤门

丝绸之路：
起始段和天山廊道的路网·西安兴教寺

丝绸之路：
起始段和天山廊道的路网·兴教寺塔

丝绸之路：
起始段和天山廊道的路网·小雁塔

古泉州（刺桐）史迹·开元寺

古泉州（刺桐）史迹·老君岩造像

古泉州（刺桐）史迹·六胜塔

古泉州（刺桐）史迹·草庵（摩尼佛造像）

古泉州（刺桐）史迹·泉州府文庙

古泉州（刺桐）史迹·清净寺

古泉州（刺桐）史迹·洛阳桥

古泉州（刺桐）史迹·天后宫

丝绸之路:
长安—天山廊道的路网·苏巴什佛寺遗址西寺

丝绸之路:
长安—天山廊道的路网·克孜尔石窟

丝绸之路:
长安—天山廊道的路网·克孜尔石窟壁画

丝绸之路：
长安—天山廊道的路网·克孜尔石窟鸠摩罗什像

天山南麓新疆大学科技学院图书馆教学楼与荷塘

天山南麓新疆大学科技学院涌泉湖畔图书

前 言 PREFACE

　　丁酉年乙巳月,"一带一路"国际合作高峰论坛在北京成功召开。雄鸡一唱,标志着共商、共建、共享持久和平与共同繁荣世界的宏图远略已经扬帆起航。这是中华民族自强不息、厚德载物、愚公移山、世界大同精神的自然发展。这是"一带一路"各国人民和平合作、开放包容、互学互鉴、互利共赢的丝路精神的发扬光大。

　　丝路精神互为因果、相互促进、良性循环。互学互鉴有助于消解傲慢、偏见、隔阂等思想毒素,滋养平等、包容、开放等和平基因,夯实和平合作的思想根基,导向互利共赢的良性循环。因此,2014 年 3 月 27 日,习近平主席在联合国教科文组织总部发表重要演讲,主旨即是推动文明交流互鉴,促进世界和平合作。2017 年 5 月 14 日上午,在"一带一路"国际合作高峰论坛上发表的主旨演讲中,习近平主席进一步号召:我们要将"一带一路"建成文明之路。"一带一路"建设要以文明交流超越文明隔阂、文明互鉴超越文明冲突、文明共存超越文明优越,推动各国相互理解、相互尊重、相互信任。如何推动文明交流互鉴? 习近平主席提出:要用好历史文化遗产,联合打造具有丝绸之路特色的旅游产品和遗产保护。《"一带一路"国际合作高峰论坛圆桌峰会联合公报》提出:鼓励不同文明间对话和文化交流,促进旅游业发展,保护世界文化和自然遗产。

　　笔者认为,"一带一路"世界文化遗产,是最具丝路特色的金牌旅游产品与遗产,是世界文明多样性、平等性、包容性最权威的见证,是"文明没有高下、优劣之分,只有特色、地域之别"[①]最生动的诠释,是传承与弘扬丝路精神最美好的载体,是进行文明交流互鉴最合适的教材,由此编撰本书。为便于

---

　　① 习近平:《共同构建人类命运共同体——在联合国日内瓦总部的演讲》,2017 月 1 月 18 日,http://news. xinhuanet. com/world/2017-01/19/c_1120340081. htm。

阅读使用,现将相关事项说明如下。

一、88 个国家

关于本书 88 个国家名单是怎么来的,有什么根据,笔者略做说明。"一带一路"国家名单入榜遵照的基本原则是:源于古丝绸之路,但不限于古丝绸之路。[①]

88 国具体来源有三:一是网上都能查到的"一带一路"66 国名单表,全部是亚洲、独联体及中东欧国家。[②] 这个名单中的国家,是"一带一路"基本盘。二是从实际出发,首届"一带一路"国际合作高峰论坛中 29 个由领导人与会的国家,包括欧洲的希腊、意大利、西班牙、瑞士,非洲的肯尼亚、埃塞俄比亚,南美洲的智利、阿根廷,南太平洋的斐济等国;论坛公布的"一带一路"成果清单中所涉及的国家,官方公布的"一带一路"重大项目(如中欧班列等)所在国家,如欧洲的英国、法国、德国、荷兰、爱尔兰、挪威,非洲的坦桑尼亚、埃及、吉布提、突尼斯等 18 国。三是亚洲的朝鲜、韩国、日本 3 国,这是"一带一路"古丝绸之路文明交流互鉴整体历史中不可或缺的国家,也是"一带一路"网公布的 21 世纪海上丝绸之路路线图上的国家。亚洲的格鲁吉亚、亚美尼亚、阿塞拜疆 3 国因属独联体而暂计入欧洲。这样截至成稿,各大洲可列入"一带一路"的国家:亚洲 45 国,欧洲 34 国,非洲 6 国,大洋洲 1 国,南美洲 2 国,总计 88 国。

---

① 习近平:《"一带一路"不是某一方的私家小路》,2015 年 10 月 22 日,http://www.chinanews.com/gn/2015/10-22/7582406.shtml。

2015 年 10 月 22 日,习近平主席和英国首相卡梅伦共同出席在伦敦金融城举行的中英工商峰会时指出:"一带一路"是开放的,源于古丝绸之路但不限于古丝绸之路,地域范围上东牵亚太经济圈,西接欧洲经济圈,是穿越非洲、环连亚欧的广阔"朋友圈",所有感兴趣的国家都可以添加进入"朋友圈"。

② 一带一路门户网:"一带一路"沿线国家名单(最新 66+国),2016 年 6 月,http://www.attbr.com/about/index/id/40.html。一带一路门户网成立于 2014 年 12 月,设于重庆。"一带一路"网,http://news.china.com.cn/node_7242934.htm,2017 年成立,目前还没有提供"一带一路"沿线国家具体名单,但是提供了"一带一路"地图,其中的海上丝绸之路向东北延伸到了韩、朝、日、俄,向南延伸到了南太平洋,向西延伸到了印度洋、地中海、大西洋。

二、338 处世界文化遗产

本书所列遗产,包括世界文化遗产、世界文化与自然双重遗产、世界文化景观。为方便阅读,在列举时统称为世界文化遗产,统计时间止于 2017 年 7 月在波兰克拉科夫召开的第 41 届世界遗产委员会大会。

限于篇幅,在 88 国共计 662 处①世界文化遗产中,主要介绍了 338 处,其中亚洲 167 处,欧洲 140 处,非洲 21 处,大洋洲与南美洲 10 处。重点有四:中国及首届"一带一路"论坛 29 个由领导人与会的国家的世界文化遗产,亚洲国家的世界文化遗产,充分体现文明交流互鉴的遗产,最具原创性与辐射力的遗产。

338 处世界文化遗产各项目下简列外文名称、遗产类别、批准时间、符合标准②等最基本数据,重点内容是世界遗产委员会评价,这是其独特价值所在。世界遗产委员会的评价语言精练,常有画龙点睛之笔,但也有少数评价过于简略。为突出上文所述四个重点,本书在部分世界文化遗产的世界遗产委员会评价之前,补充了一些文字说明。

---

① 对于多国共享的世界遗产,根据主权平等原则,共享的各国都各计 1 处,如丝绸之路——起始段和天山廊道的路网(中国与哈萨克斯坦、吉尔吉斯斯坦共享),按亚洲区域统计时,做 3 处计。

② 符合标准,是指必须具有"突出的普遍价值"及至少符合以下 10 项基准之一:(i)表现人类创造力的经典之作。(ii)在某时期或某种文化圈里对建筑、技术、纪念性艺术、城镇规划、景观设计之发展有巨大影响,促进人类价值的交流。(iii)呈现有关现存或者已经消失的文化传统、文明的独特或稀有之证据。(iv)关于呈现人类历史重要阶段的建筑类型,或者建筑及技术的组合,或者景观上的卓越典范。(v)代表某一个或数个文化的人类传统聚落或土地使用,提供出色的典范——特别是因为难以抗拒的历史潮流而处于消失危机的场所。(vi)具有显著普遍价值的事件、流传下来的传统、理念、信仰、艺术及文学作品,有直接或实质的联结(世界遗产委员会认为该基准应最好与其他基准共同使用)。(vii)包含出色的自然美景与美学重要性的自然现象或地区。(viii)代表生命进化的记录、重要且持续的地质发展过程、具有意义的地形学或地文学特色等的地球历史主要发展阶段的显著例子。(ix)在陆上、淡水、沿海及海洋生态系统及动植物群的演化与发展上,代表持续进行中的生态学及生物学过程的显著例子。(x)拥有最重要及显著的多元性生物自然生态栖息地,包含从保育或科学的角度来看,符合普遍价值的濒临绝种动物种。

对于极少数被列入《濒危世界遗产名录》①的世界文化遗产，另增"其他信息"，注明濒危及列入时间。

三、创 新

为便于从世界文化遗产角度深刻认识文明的多样性、平等性、包容性，促进文明交流互鉴，最简要、立体化地了解一个国家，了解"一带一路"国家与中国合作进程，每个国家名下除简列首都、全部世界文化遗产外，本书编写做了如下 3 个创新：

标识与中国伙伴关系类型；记录已经完成或正进行的"一带一路"重大项目；在一些中国世界文化遗产项目后面，增设交流互鉴项，标识中外相关遗产，便于进行比较探究。

少数国家暂时还没有世界文化遗产，或没有与中国确定伙伴关系类型，或没有"一带一路"项目，则其名下相关项目介绍从略。

四、附 录

《"一带一路"国际合作高峰论坛圆桌峰会联合公报》《"一带一路"国际合作高峰论坛成果清单》是"一带一路"首届高峰会议重要文件，《"一带一路"主要国家世界文化遗产总表》《中国与"一带一路"国家伙伴关系表》是笔者编写的与本书密切相关的重要数据表，列入附录，以供参考。

侯富儒

2017 年 8 月

---

① 军事冲突及战争、地震及其他自然灾害、污染、盗猎、城市和旅游业迅速发展等，对世界遗产构成重大威胁。当遗产面临潜在的或迫在眉睫的威胁时，其世界遗产地位同样受到威胁。按照 1972 年《世界遗产公约》，世界遗产委员会可将受到威胁的或需要救援的遗产项目列入《濒危世界遗产名录》。

目 录
CONTENTS

东亚5国

中国、朝鲜、韩国、日本、蒙古

中 国

　　⊙ **世界文化遗产**：丝绸之路——起始段和天山廊道的路网（与哈萨克斯坦、吉尔吉斯斯坦共享），莫高窟，五台山，峨眉山及乐山大佛，云冈石窟，龙门石窟，布达拉宫历史建筑群，大足石刻，承德避暑山庄及周围寺庙，周口店北京人遗址，黄山，泰山，殷墟，登封"天地之中"历史古迹，青城山与都江堰，曲阜孔庙、孔林、孔府，左江花山岩画，庐山国家公园，武当山古建筑群，长城，大运河，秦始皇陵及兵马俑坑，高句丽王城、王陵及贵族墓葬，红河哈尼梯田文化景观，杭州西湖文化景观，苏州古典园林，武夷山，福建土楼，元上都遗址，土司遗址，丽江古城，平遥古城，明清故宫（北京故宫、沈阳故宫），天坛——北京皇宫祭坛，颐和园——北京皇家园林，明清皇家陵寝，皖南古村落——西递、宏村，澳门历史城区，开平碉楼与村落，鼓浪屿——历史国际社区，共 40 处。

丝绸之路——起始段和天山廊道的路网（与哈萨克斯坦、吉尔吉斯斯坦共享）

　　自公元前 138 年张骞受汉武帝派遣出使西域起，在随后的 2000 多年里，无数商贾、僧侣来往于中国与西域之间，带来了印度、阿拉伯、波斯和欧洲等地的香料、石榴、马匹、玻璃、宗教、科技、艺术，带去了中国的丝绸、茶叶、瓷器、漆器和四大发明，沟通了中国、印度、伊斯兰、欧洲四大文化体系，走出了一条全长 10000 多千米的世界上里程最长、影响最大的国际贸易与宗教文化之路。德国著名地理学家费迪南·冯·李希霍芬在 1877 年所著的《中国——我的旅行成果》一书中将其命名为"丝绸之路"（Silk Road）。丝绸之路从此蜚声世界。

  联合国教科文组织对丝绸之路高度重视,于 1988 年启动了“对话之路:丝绸之路整体性研究”项目。1990—1995 年,联合国教科文组织围绕丝绸之路组织了 5 项国际性考察:西安到喀什的沙漠丝绸之路,威尼斯到日本的海上丝绸之路,中亚草原丝绸之路,蒙古游牧丝绸之路,尼泊尔的佛教丝绸之路。丝绸之路深厚的文化积淀让前往考察的专家们欣喜不已。如 1991 年 2 月 16 日海上丝绸之路考察团①考察中国福建晋江草庵摩尼教遗址,认定:摩尼光佛雕像是世界唯一的,很独特的,具有世界性和历史性意义的,摩尼光佛的发现是本次海上丝绸之路考察活动的最大发现、最大成就。

  2014 年 6 月 22 日,丝绸之路——起始段和天山廊道的路网(与哈萨克斯坦、吉尔吉斯斯坦共享)申遗成功。这一长约 5000 千米的路网,属于整个丝绸之路的东段,起于汉唐古都长安与洛阳,止于中亚七河地区。该遗产 33 处遗产点包括了中国各朝和其他国家可汗王朝时期的古都与宫殿群、贸易居住点、佛教洞穴与寺庙、古道、驿站、关口、烽火台、长城、防御工事、古墓及宗教建筑。其中哈萨克斯坦 8 处,吉尔吉斯斯坦 3 处。中国境内 22 处遗产点,涉及陕、豫、甘、新 4 个省区。陕西省 7 处:汉长安城未央宫遗址、唐长安城大明宫遗址、大雁塔、小雁塔、兴教寺塔、彬县大佛寺石窟、城固张骞墓。河南省 4 处:汉魏洛阳故城遗址、隋唐洛阳城定鼎门遗址、新安县汉函谷关遗址、陕县崤函古道石壕段遗址。甘肃省 5 处:玉门关遗址、悬泉置遗址、锁阳城遗址、麦积山石窟、炳灵寺石窟。新疆维吾尔自治区 6 处:高昌故城、交河故城、克孜尔尕哈烽燧、克孜尔石窟、苏巴什佛寺遗址、北庭故城遗址。

  世界遗产委员会评价:丝绸之路是东西方之间的融合、交流和对话之路,近 2000 年以来为人类的共同繁荣做出了重要的贡献。天山廊道在丝绸之路交通与交流体系中具有突出的特点。它形成于公元前 2 世纪,兴盛于 6—14 世纪,沿用至 16 世纪,分布于今中国、哈萨克斯坦和吉尔吉斯斯坦境内。丝绸之路见证了公元前 2 世纪至公元 16 世纪期间,亚欧大陆经济、文化、社会发展之间的交流,尤其是游牧与定居文明之间的交流;它在长途贸易推动大

---

  ① 联合国教科文组织海上丝绸之路考察团,由来自 30 多个国家的 50 名史学家、考古学家和新闻记者组成,乘坐“和平号”考察船,于 1990 年 10 月 23 日从意大利威尼斯起航,沿海上丝绸之路东行,沿途考察意大利、希腊、土耳其、埃及、阿曼、巴基斯坦、印度、斯里兰卡、泰国、马来西亚、文莱、菲律宾、中国、韩国、日本 15 个国家。

型城镇和城市发展,利用水利管理系统支撑交通贸易等方面是一个出色的范例;它与张骞出使西域等重大历史事件直接相关,深刻反映出佛教、摩尼教、拜火教等宗教和城市规划思想等在古代中国和中亚等地区的传播。

外文名称:Silk Roads:the Routes Network of Chang'an-Tianshan Corridor

遗产类别:世界文化遗产

批准时间:2014

符合标准:(ii)(iii)(v)(vi)

交流互鉴:乳香之路(阿曼、以色列共享),冈斯特拉的圣地亚哥之路(西班牙),印加网路(智利、秘鲁、阿根廷、玻利维亚、厄瓜多尔共享)。

莫高窟

莫高窟又名"千佛洞",位于中国西部甘肃省敦煌市东南 25 千米处鸣沙山的崖壁上。它始建于十六国时期,历经十六国、北朝、隋、唐、五代、西夏、元等。现保存壁画 4.5 万平方米,泥质彩塑 2415 尊,飞天塑像 4000 余身,是一部反映中国古代社会的历史全书,更是东西方文化交融的结晶。

世界遗产委员会评价:莫高窟地处丝绸之路的一个战略要点。它不仅是东西方贸易的中转站,同时也是宗教、文化和知识的交汇处。莫高窟的 492 个小石窟和洞穴庙宇,以其雕像和壁画闻名于世,展示了延续千年的佛教艺术。

外文名称:Mogao Caves

遗产类别:世界文化遗产

批准时间:1987

符合标准:(i)(ii)(iii)(iv)(v)(vi)

交流互鉴:阿旃陀石窟群(印度),丹布勒金寺(斯里兰卡),吴哥窟(柬埔寨),婆罗浮屠寺庙群(印度尼西亚)。

五 台 山

五台山是由 5 座平坦山峰组成的佛教名山,也是山西省的最高峰,与尼泊尔兰毗尼花园及印度鹿野苑、菩提伽耶、拘尸那迦并称为世界五大佛教圣地。五台山佛光寺东大殿是中国现存规格最高的唐代木构建筑,被我国著名的建筑学家梁思成称为"国内古建筑第一国宝",有力驳斥了日本学者"中国大地上没有唐朝及其以前的木结构建筑"的断言。

世界遗产委员会评价:五台山位于山西省忻州市,是中国四大佛教名山之首,以浓郁的佛教文化闻名海内外。五台山有东亚乃至世界现存最庞大的佛教古建筑群,享有"佛国"盛誉。五台山由5座台顶组成,将自然地貌和佛教文化融为一体,典型地将对佛的崇信凝结在对自然山体的崇拜之中,完美体现了中国"天人合一"的哲学思想,成为持续1600余年的佛教文殊信仰中心——一种独特而富有生命力的组合型文化景观。

外文名称:Mount Wutai

遗产类别:世界文化遗产

批准时间:2009

符合标准:(ii)(iii)(iv)(vi)

交流互鉴:佛祖诞生地蓝毗尼(尼泊尔),菩提伽耶的摩诃菩提寺(印度),古奈良历史遗迹(日本),阿索斯山(希腊),冈斯特拉的圣地亚哥之路(西班牙)。

峨眉山及乐山大佛

峨眉山是中国"四大佛教名山"之一,相传为普贤菩萨道场。

世界遗产委员会评价:1世纪,在四川省峨眉山景色秀丽的山巅上,落成了中国第一座佛教寺院。随着四周其他寺庙的建立,该地成为佛教的主要圣地之一。许多世纪以来,文化财富大量积淀,最著名的要数乐山大佛,它是8世纪时人们在一座山岩上雕凿出来的,俯瞰着三江交汇之所。佛像身高71米,堪称世界之最。峨眉山还以其物种繁多、种类丰富的植物而闻名天下,从亚热带植物到亚高山针叶林可谓应有尽有,有些树木树龄已逾千年。

外文名称:Mount Emei Scenic Area, including Leshan Giant Buddha Scenic Area

遗产类别:世界自然与文化遗产

批准时间:1996

符合标准：(iv)(vi)(x)

交流互鉴：巴米扬山谷文化景观和考古遗址（阿富汗）。

云冈石窟

云冈石窟是石窟艺术中国化的开始。

世界遗产委员会评价：云冈石窟，位于山西省大同市，现存洞窟252座、石像5.1万尊，代表了5—6世纪中国高超的佛教艺术成就。"昙曜五窟"整体布局严整，风格和谐统一，是中国佛教艺术发展史上的第一个巅峰。

外文名称：Yungang Grottoes

遗产类别：世界文化遗产

批准时间：2001

符合标准：(i)(ii)(iii)(iv)

龙门石窟

龙门石窟位于洛阳南郊伊河两岸的龙门山与香山上，南北长达1千米，今存有窟龛2345个，造像10万余尊。奉先寺是龙门石窟中最大的一个窟，窟中最大的卢舍那佛像高约17米；雍容典雅，慈眼微笑，栩栩如生，是佛教石刻艺术中国化的巅峰之作，体现了中华文化广博、深沉、颖悟兼优的深厚魅力。

世界遗产委员会评价：龙门地区的石窟和佛龛展现了中国北魏晚期至唐代（493—907）这一时期最具规模和最为优秀的造型艺术。这些翔实描述佛教中宗教题材的艺术作品，代表了中国石刻艺术的最高峰。

外文名称：Longmen Grottoes

遗产类别：世界文化遗产

批准时间：2000

符合标准：(i)(ii)(iii)

交流互鉴：阿旃陀石窟群（印度），丹布勒金寺（斯里兰卡），吴哥窟（柬埔寨）。

布达拉宫历史建筑群

被誉为"世界屋脊明珠"的布达拉宫,是集建筑、历史、文化艺术和宗教于一身的宫堡式建筑群和文物巨库,是世界宫堡建筑艺术之最,也是中华各民族团结和国家统一的铁证。

罗布林卡园内有植物 100 余种,不仅有拉萨地区常见花木,而且有取自喜马拉雅山南北麓的奇花异草,还有从内陆移植或从国外引进的名贵花卉,堪称高原植物园。

世界遗产委员会评价:布达拉宫自 7 世纪起就成为达赖喇嘛的冬宫,象征着藏传佛教及其在历代行政统治中的中心作用。布达拉宫坐落在拉萨河谷中心海拔约 3700 米的红色山峰之上,由白宫和红宫及其附属建筑组成。大昭寺也建造于 7 世纪,是一组极具特色的佛教建筑群。建造于 18 世纪的罗布林卡,曾经作为达赖喇嘛的夏宫,也是西藏艺术的杰作。这 3 处遗址的建筑精美绝伦,设计新颖独特,加上丰富多样的装饰,以及与自然美景的和谐统一,更增添了其在历史和宗教上的重要价值。

外文名称:Historic Ensemble of the Potala Palace,Lhasa

遗产类别:世界文化遗产

批准时间:1994(2000 年、2001 年扩展范围)

符合标准:(i)(iv)(vi)

大足石刻

大足石刻位于重庆市大足区,以宝顶山和北山最为著名,是唐末、宋初时期宗教摩崖石刻,有 75 处共 5 万余尊宗教石刻造像,重在写实,具有浓郁的生活气息与鲜明的民族风格,标志着石窟艺术完全中国化。

世界遗产委员会评价:大足地区的险峻山崖上保存着绝无仅有的系列石刻,时间跨度从 9 世纪到 13 世纪。这些石刻以极高的艺术品质、丰富多变的题材而闻名遐迩,从世俗到宗教,鲜明地反映了中国这一时期的日常社会生活,充分证明了这一时期佛教、道教和儒家思想和谐相处情况。

外文名称：Dazu Rock Carvings

遗产类别：世界文化遗产

批准时间：1999

符合标准：(i)(ii)(iii)

承德避暑山庄及周围寺庙

承德避暑山庄及周围寺庙的园林融入自然，享有"中国古典园林之最高范例"的美誉。

世界遗产委员会评价：承德避暑山庄是清王朝的夏季行宫，位于河北省境内，修建于1703—1792年，是由众多的宫殿及其他处理政务、举行仪式的建筑构成的一个庞大的建筑群。建筑风格各异的庙宇和皇家园林同周围的湖泊、牧场和森林巧妙地融为一体。避暑山庄不仅具有极高的美学研究价值，而且还保留着中国封建社会发展末期的罕见历史遗迹。

外文名称：Mountain Resort and its Outlying Temples，Chengde

遗产类别：世界文化遗产

批准时间：1994

符合标准：(ii)(iv)

交流互鉴：波斯园林（伊朗），夏利玛尔公园（巴基斯坦），卡塞塔18世纪的皇宫及园林（意大利），阿兰胡埃斯文化景观（西班牙），枫丹白露宫及庭院（法国），波兹坦与柏林的宫殿与庭园（德国），伦敦基尤皇家植物园（英国）。

周口店北京人遗址

1929年，考古学家在周口店发现了距今约60万年的一个完整的猿人头盖骨，定名为北京猿人。此后陆续在龙骨山上发现一些猿人使用的石器和用火遗址。

世界遗产委员会评价：周口店北京人遗址位于北京西南约42千米处，遗址的科学考察工作仍在进行中。到目前为止，科学家已经发现了中国猿人属北京人的遗迹，他们大约生活在中更新世时代。同时发现的还有各种各样的生活物品,以及可以追溯到公元前18000年至公元前11000年的新人类的遗迹。周口店遗址不仅是有关远古时期亚洲大陆人类社会的一个罕见的历史证据,而且也阐明了人类进化的进程。

外文名称:Peking Man Site at Zhoukoudian

遗产类别:世界文化遗产

批准时间:1987

符合标准:(iii)(vi)

交流互鉴:迦密山人类进化遗址——梅尔瓦特河/瓦迪·艾玛哈尔洞穴群(50万年,以色列),恩戈罗恩戈罗自然保护区(125万年,坦桑尼亚),桑吉兰早期人类遗址(150万年,印尼),玲珑谷地的考古遗址(200万年,马来西亚),图尔卡纳湖国家公园(200万年,肯尼亚),阿瓦什低谷(400万年,埃塞俄比亚)。

黄　山

黄山位于安徽省南部黄山市境内,因传说轩辕黄帝曾在此炼丹,故名"黄山"。黄山景观有奇松、怪石、云海、温泉"四绝"。从盛唐到晚清,歌咏黄山的诗词多达2万余首。

世界遗产委员会评价:黄山被誉为"震旦国中第一奇山"。在中国历史的鼎盛时期,通过文学和艺术的形式(例如16世纪中叶的"山""水"风格)受到广泛的赞誉。今天,黄山以其壮丽的景色——生长在花岗岩石上的奇松和浮现在云海中的怪石而著称,对于从四面八方来到这个风景胜地的游客、诗人、画家和摄影家而言,黄山具有永恒的魅力。

外文名称:Mount Huangshan

遗产类别:世界自然与文化遗产

批准时间:1990

符合标准:(ii)(vii)(x)

交流互鉴:富士山(日本),比利牛斯—珀杜山(西班牙与法国共享),圣米歇尔山及其海湾(法国)。

泰　山

泰山位于山东省中部，是中国封建帝王封禅祭天的圣山，更是封建帝王受命于天的象征。

世界遗产委员会评价：庄严神圣的泰山，2000 年来一直是帝王朝拜的对象，山中的人文杰作与自然景观完美和谐地融合在一起。泰山一直是中国艺术家和学者的精神源泉，是古代中国文明和信仰的象征。

外文名称：Mount Taishan

遗产类别：世界自然与文化遗产

批准时间：1987

符合标准：(iii)/(i)(ii)(iii)(iv)(v)(vi)

殷　墟

殷墟中国商朝晚期都城遗址，是中国历史上第一个有文献可考，并为考古学和甲骨文所证实的都城遗址。

世界遗产委员会评价：殷墟考古遗址靠近安阳市，位于北京以南约 500 千米处，是商代晚期（公元前 1300—公元前 1046）的古代都城，代表了中国早期文化、工艺和科学的黄金时代，是中国青铜器时代最繁荣的时期。在殷墟遗址出土了大量王室陵墓、宫殿及中国后期建筑的原型。遗址中的宫殿宗庙区（1000 米×650 米）拥有 80 处房屋地基，还有唯一一座保存完好的商代王室成员大墓"妇好墓"。殷墟出土的大量工艺精美的陪葬品证明了商代手工业的先进水平，现在它们是中国的国宝之一。在殷墟还发现了大量甲骨窖穴，甲骨上的文字对于证明中国古代信仰、社会体系及汉字这一世界上最古老的书写体系之一的发展有着不可估量的价值。

外文名称：Yin Xu

遗产类别：世界文化遗产

批准时间：2006

符合标准：(ii)(iii)(iv)(vi)

登封"天地之中"历史古迹

登封"天地之中"历史古迹包括周公测景台和登封观星台、嵩岳寺塔、太室阙和中岳庙、少室阙、启母阙、嵩阳书院、会善寺、少林寺建筑群(包括常住院、塔林和初祖庵)等8处11项历史建筑。

世界遗产委员会评价:嵩山被认为是中国中部的神山。在河南登封附近这座1500米高的山下,40平方千米的范围内坐落着8处建筑物和古迹,包括3座汉阙——中国最古老的宗教建筑遗存、庙宇、周公测景台和登封观星台。建造过程经历了9个朝代,这些建筑用不同的方式表达了人们对"天地中心"的认识,以及对这座山的宗教神权的崇拜。登封历史建筑群充分证明了中国古代建筑对礼仪、科学、技术和教育的专注。

外文名称:Historic Monuments of Dengfeng in "The Centre of Heaven and Earth"

遗产类别:世界文化遗产

批准时间:2010

符合标准:(iii)(vi)

青城山与都江堰

都江堰,是中国战国时期秦国蜀郡太守李冰及其子率众修建的一座大型水利工程,是全世界至今为止,年代最久、唯一留存的以无坝引水为特征的宏大水利工程。都江堰工程包括鱼嘴、飞沙堰和宝瓶口三个主要组成部分。鱼嘴是在岷江江心修筑的分水堤坝,形似大鱼卧伏江中,它把岷江分为内江和外江,内江用于灌溉,外江用于排洪。飞沙堰是在分水堤坝中段修建的泄洪道,洪水期不仅泄洪水,还利用水漫过飞沙堰流入外江水流的旋涡作用,有效地减少了泥沙在宝瓶口前后的淤积。宝瓶口是内江的进水口,形似瓶颈,除了引水,还有控制进水流量的作用。都江堰是成功运用自然弯道形成的流体引力,自动引水、泄洪、排沙的典范。在都江堰建成以前,岷江常年洪水泛滥成灾。都江堰建成后,成都平原成为"天府之国"。都江堰顺应自然,化害为利,功在当代,利及千秋,创造了世界水利史上的最大奇观。1872年,德国地理学家李希霍芬(Richthofen,1833—1905)称赞:"都江堰灌溉方法之完善,世界各地无与伦比。"

世界遗产委员会评价:都江堰灌溉系统始建于公元前3世纪,至今仍控制着岷江的水流,灌溉着成都平原肥沃的农田。青城山是中国道教的发源地,因建有许多古道观而著称。

外文名称: Mount Qingcheng and the Dujiangyan Irrigation System

遗产类别:世界文化遗产

批准时间:2000

符合标准:(ii)(iv)(vi)

交流互鉴:舒什塔尔的古代水利系统、波斯坎儿井(伊朗),艾恩文化遗址(阿联酋),阿夫拉贾灌溉体系(阿曼),金德代克-埃尔斯豪特的风车(荷兰)。

曲阜孔庙、孔林和孔府

孔子所创立的儒家思想在中国、朝鲜、韩国、日本和越南等国产生了重大影响。

世界遗产委员会评价:孔子是公元前6世纪至公元前5世纪最伟大的哲学家、政治家和教育家。孔子的庙宇、墓地和府邸位于山东省的曲阜。孔庙是公元前478年为纪念孔子而兴建的,千百年来屡毁屡建,到今天已经发展成超过100座殿堂的建筑群。孔林里不仅容纳了孔子的坟墓,而且他的后裔中,有超过10万人也葬在这里。当初小小的孔宅如今已经扩建成一个庞大显赫的府邸,整个宅院包括了152座殿堂。曲阜的古建筑群之所以具有独特的艺术和历史特色,应归功于2000多年来中国历代帝王对孔子的大力推崇。

外文名称: Temple and Cemetery of Confucius and the Kong Family Mansion in Qufu

遗产类别:世界文化遗产

批准时间:1994

符合标准:(i)(iv)(vi)

交流互鉴:开城历史古迹和遗址(朝鲜),宗庙、昌德宫建筑群(韩国),古京都历史古迹、古奈良历史遗迹（日本），升龙皇城、会安古镇、顺化历史建筑群（越南），鄂尔浑峡谷文化景观（蒙古）。

左 江 花 山 岩 画

世界遗产委员会评价：花山岩画位于中国西南边陲地区的陡峭岩壁上。这 38 处岩画展现的是骆越族人生活和举行宗教仪式的场景，这些岩画的绘制年代可追溯到公元前 5 世纪至公元 2 世纪，岩画与其依存的喀斯特地貌、河流和台地一起，使人得以一窥过去在中国南方盛行一时的青铜鼓文化仪式的原貌。这一文化景观如今是这种文化曾经存在的唯一见证。

外文名称：Zuojiang Huashan Rock Art Cultural Landscape

遗产类别：世界文化遗产

批准时间：2016

符合标准：（iii）（vi）

交流互鉴：阿尔泰山脉岩画群（蒙古），泰姆格里考古景观岩刻（哈萨克斯坦），比莫贝卡特石窟（印度），哈特勒伊勤省的岩石艺术（沙特），加泰土丘的新石器时代遗址（土耳其），戈布斯坦岩石艺术文化景观（阿塞拜疆），孔多阿岩画遗址（坦桑尼亚），梵尔卡莫尼卡谷地岩画（意大利），科阿峡谷和谢加贝尔德的史前岩石艺术遗址、伊比利亚半岛地中海盆地岩画艺术、阿尔塔米拉洞窟（西班牙），肖维岩洞（法国），阿尔塔岩画（挪威），平图拉斯河的手洞（阿根廷）。

庐 山 国 家 公 园

庐山在过去的约 2000 年中吸引了 1500 余位文坛巨匠登临，留下了 4000 余首诗词歌赋。

世界遗产委员会评价：江西庐山是中华文明的发祥地之一。这里的佛教和道教庙观，以及儒学的里程碑建筑（最杰出的大师曾在此授课），完全融汇在美不胜收的自然景观之中，赋予无数艺术家以灵感，而这些艺术家开创了中国文化中对自然的审美方式。

外文名称：Lushan National Park

遗产类别：世界文化遗产

批准时间：1996

符合标准：(ii)(iii)(iv)(vi)

长　城

长城是世界上修建时间最久、里程最长的一项古代防御工程。自公元前七八世纪开始，持续不断修筑了 2000 多年，总计长度达 5 万多千米，被称为"上下两千多年，纵横十万余里"的伟大工程。

世界遗产委员会评价：约公元前 220 年，一统天下的秦始皇将修建于早些时候的一些断续的防御工事连接成一个完整的防御系统，用以抵抗来自北方的侵略。在明代（1368—1644），政府又继续加以修筑，使长城成为世界上最长的军事设施。它在文化艺术上的价值，足以与其在历史和战略上的重要性相媲美。

外文名称：The Great Wall

遗产类别：世界文化遗产

批准时间：1987

符合标准：(i)(ii)(iii)(iv)(vi)

交流互鉴：罗马帝国的边界（德国、英国共享），15—17 世纪威尼斯共和国的防御工事——西方的陆地之国到海洋之国（意大利、黑山、克罗地亚共享）。

大 运 河

大运河涉及沿线 8 个省市 27 座城市的 27 段河道和 58 个遗产点，全长约 2700 千米（含遗产河道 1011 千米），被国际工业遗产保护委员会在《国际运河古迹名录》中列为最具影响力的水道。

世界遗产委员会评价：大运河是中国东北平原与中东部平原的大规模水路系统。大运河始凿于公元前 5 世纪，至公元 7 世纪隋代时第一次被构想成为帝国统一的交通方式。这一构想导致了一系列大规模的修建工程，创造了工业革命前世界上规模最大、覆盖最广的土木工程项目。它构成了帝国水陆交通系统,是谷物和战略原材料运输,以及粮食运输的支柱。至 13 世纪,大运河已经形成了长约 2000 千米的人工水路,连接着中国 5 个最重要的流域。大运河在确保国家的经济繁荣稳定方面发挥了重要作用,直至今日,依然是内陆交通的主要方式之一。

外文名称:The Grand Canal

遗产类别:世界文化遗产

批准时间:2014

符合标准:(i)(iii)(iv)(vi)

交流互鉴:米迪运河(法国),辛格尔运河以内的阿姆斯特丹 17 世纪运河环形区域(荷兰)。

秦始皇陵及兵马俑坑

秦始皇陵兵马俑气势磅礴,生动逼真,被誉为"世界第八大奇迹"。

世界遗产委员会评价:毫无疑问,如果不是在 1974 年被发现,这座考古遗址中的成千上万件陶俑将依旧沉睡于地下。第一位统一中国的皇帝秦始皇,殁于公元前 210 年,葬于陵墓的中心,在他周围围绕着那些著名的陶俑。结构复杂的秦始皇陵是仿照当时的都城——咸阳的格局而设计建造的。陶俑形态各异,连同他们的战马、战车和武器,成为现实主义的完美杰作,同时也具有极高的历史价值。

外文名称:Mausoleum of the First Qin Emperor

遗产类别:世界文化遗产

批准时间:1987

符合标准:(i)(iii)(iv)(vi)

交流互鉴:孟菲斯及其墓地金字塔(埃及),雅典卫城(希腊),泰姬陵(印度),古吉拉特邦帕坦县的皇后阶梯井(印度)。

高句丽王城、王陵及贵族墓葬

世界遗产委员会评价:此遗址包括 3 座王城(五女山城、国内城、丸都山城)和 40 座墓葬的考古遗迹(14 座王陵及 26 座贵族墓葬)。这些都属于高句丽文化,从公元前 37 年到公元 668 年,高句丽王朝一直统治着中国北部地区和朝鲜半岛的北部,这里的文化因此而得名。五女山城是该遗址唯一部分挖掘的王城。国内城位于今天的集安市内,在高句丽迁都平壤之后,与其他王城相互依附共为都城。丸都山城是高句丽王朝的都城之一,城内有许多遗迹,其中包括 1 座雄伟的宫殿和 37 座墓葬。一些墓葬的顶部设计精巧,无须支柱就可支撑宽敞的墓室,还能承载置于其上的石冢或土冢。

外文名称:Capital Cities and Tombs of the Ancient Koguryo Kingdom

遗产类别:世界文化遗产

批准时间:2004

符合标准:(i)(ii)(iii)(iv)(v)

红河哈尼梯田文化景观

哀牢山哈尼梯田是云南梯田最杰出的代表,被誉为"中国最美的山岭雕刻"。

世界遗产委员会评价:红河哈尼梯田文化景观位于云南南部,面积约 16603 公顷,以从高耸的哀牢山沿着斜坡顺延到红河沿岸的壮丽梯田而著称。在过去的 1300 多年间,哈尼族人民发明了复杂的沟渠系统,将山上的水从草木丛生的山顶送至各级梯田。他们还创造出一个完整的农作体系,包含水牛、鸭、鱼类和鳝类,并且支持了当地主要的谷物——红米的生产。当地居民崇拜日、月、山、河、森林,以及其他自然现象(包括火在内)。他们居住在分布于山顶森林和梯田之间的 82 个村寨里,这些村寨以传统的茅草"蘑菇房"为特色。为梯田建立的弹性管理系统,建立在特殊且古老的社会和宗教结构基础上,体现出人与环境在视觉和生态上的高度和谐。

外文名称:Cultural Landscape of Honghe Hani Rice Terraces

遗产类别：世界文化遗产

批准时间：2013

符合标准：（iii）（v）

交流互鉴：科迪勒拉山的水稻梯田（菲律宾），巴厘文化景观——展现"幸福三要素"哲学思想的苏巴克灌溉系统（印尼），拉沃葡萄园梯田（瑞士）。

杭州西湖文化景观

杭州西湖文化景观以秀丽的湖光山色和众多的名胜古迹而闻名中外，被誉为"人间天堂"。

世界遗产委员会评价：自9世纪以来，西湖的湖光山色引得无数文人骚客、艺术大师吟咏兴叹、泼墨挥毫。景区内遍布庙宇、亭台、宝塔、园林，其间点缀着奇花异木、岸堤岛屿，为江南的杭州城增添了无限美景。数百年来，西湖景区对中国其他地区乃至日本和韩国的园林设计都产生了影响，在景观营造的文化传统中，西湖是对"天人合一"这一理想境界的最佳阐释。

外文名称：West Lake Cultural Landscape of Hangzhou

遗产类别：世界文化遗产

批准时间：2011

符合标准：（ii）（iii）（vi）

交流互鉴：新锡德尔湖与费尔特湖地区文化景观（匈牙利与奥地利共享），奥赫里德地区文化历史遗迹及其自然景观（马其顿），威尼斯及其潟湖、提沃利城的伊斯特别墅（意大利），穆斯考尔公园（波兰与德国共享），巴黎塞纳河畔（法国），英格兰湖区（英国）。

苏州古典园林

苏州园林被称为"无声的诗，立体的画"。其中沧浪亭、狮子林、拙政园和留园分别代表着宋、元、明、清四个朝代的艺术风格，被称为苏州"四大名园"。

世界遗产委员会评价：没有任何地方比历史名城苏州的九大园林更能体现中国古典园林设计"咫尺之内再造乾坤"的设计理想。苏州园林被公认是实现这一设计思想的杰作。这些建造于 11—19 世纪的园林,以其精雕细琢的设计,折射出中国文化取法自然而又超越自然的深邃意境。

外文名称:Classical Gardens of Suzhou

遗产类别:世界文化遗产

批准时间:1997(2000 扩展范围)

符合标准:(i)(ii)(iii)(iv)(v)

武夷山

武夷山自然风光独树一帜,尤其以"丹霞地貌"著称于世,也是中国古代朱子理学的摇篮。

世界遗产委员会评价:武夷山脉是中国东南部最负盛名的生物多样性保护区,也是大量古代孑遗植物的避难所,其中许多生物为中国所特有。九曲溪两岸峡谷秀美,寺院庙宇众多,但其中也有不少早已成为废墟。该地区为理学的发展和传播提供了良好的地理环境,自 11 世纪以来,理学对东亚地区文化产生了相当深刻的影响。1 世纪时,汉朝统治者在城村附近建立了一处较大的行政首府,厚重坚实的围墙环绕四周,极具考古价值。

外文名称:Mount Wuyi

遗产类别:世界自然与文化遗产

批准时间:1999

符合标准:(iii)(vi)(vii)(x)

交流互鉴:塔克希拉(巴基斯坦),那烂陀寺遗址(印度),乍比得历史古城(也门),帕多瓦植物园(意大利),埃纳雷斯堡大学城及历史区(西班牙),科英布拉大学——阿尔塔和索菲亚(葡萄牙),伦敦基尤皇家植物园(英国)。

福建土楼

福建土楼又称"客家土楼",它产生于宋、元,成熟于明末、清代和民国时期,是世界上独一无二的神话般的山村民居建筑。

世界遗产委员会评价:福建土楼位于福建省西南部内陆地区,距台湾海峡 120 多千米,由 12 世纪至 20 世纪建造的 46 座生土结构房屋组成。该建筑群分布在稻田、茶园和烟田中。土楼即生土结构房屋,有几层楼高,从内部看来,建筑平面呈圆形或方形,每座土楼可住 800 人。建造土楼是为了满足防御需要,中间围着一个居于中心的开放式庭院,有少数几个窗口朝向外界,而出入口只有一个。整个宗族居住在一起,这种房屋成了村庄单位,也被称为"小家庭王国"或"喧闹的小城市"。土楼的特征是高大坚固的泥墙,顶上是瓦片铺就的屋顶和宽大的悬垂屋檐。大部分精细复杂的结构可追溯到 17—18 世纪。这些建筑由下到上分别居住着许多家庭,每层有两三个房间。与其朴素的外观不同,土楼的内部非常舒适,通常装饰华丽。土楼是建筑传统和功能相结合的杰出典范,以实例展现了一种特殊的群体生活和防御性组织,并且从它们与环境的和谐关系来看,土楼也是人类住区的一个杰出典范。

外文名称:Fujian Tulou

遗产类别:世界文化遗产

批准时间:2008

符合标准:(iii)(iv)(v)

交流互鉴:阿尔贝罗贝洛的圆顶石屋(意大利),格雷梅国家公园和卡帕多西亚石窟建筑(土耳其),上斯瓦涅季(格鲁吉亚)。

元 上 都 遗 址

元上都遗址位于内蒙古自治区锡林郭勒盟正蓝旗草原,曾是世界历史上最大帝国元王朝的首都。

世界遗产委员会评价:位于长城以北的元上都遗址包含着这座忽必烈建设的传奇都城的大量遗存,占地 25000 多公顷。元上都是 1256 年由蒙古统治者的汉人幕僚刘秉忠设计的,这是一次独特的融合蒙古游牧民族文化和汉族文化的尝试。忽必烈就是由此地出发创建了元朝,统治中国百年之久,并将其疆域扩大到了亚洲以外。曾在此进行的宗教辩论令藏传佛教得以在东北亚地区传播,并且成为这一地区很多地方沿袭至今的文化与宗教传统。元上都根据中国传统风水理论依山傍水而建。元上都遗址现存有寺庙、宫殿、坟墓、游牧民族帐篷,以及包括铁幡竿渠在内的水利工程。

外文名称：Site of Xanadu

遗产类别：世界文化遗产

批准时间：2012

符合标准：(ⅱ)(ⅲ)(ⅳ)(ⅵ)

交流互鉴：波斯波利斯(伊朗)，罗马历史中心——享受治外法权的罗马教廷建筑和缪拉圣保罗弗利(意大利与梵蒂冈共享)，伊斯坦布尔历史区(土耳其)。

土 司 遗 址

世界遗产委员会评价：土司遗址反映了 13—20 世纪初期中国在西南群山密布的多民族聚居地区推行的管理少数民族地区的政治制度。留存至今的土司城寨及官署建筑遗存曾是中央委任、世袭管理当地族群的首领"土司"的行政和生活中心。其中，湖南永顺老司城遗址、湖北恩施唐崖土司城址、贵州遵义海龙屯是相对集中于湘鄂黔交界山区的代表性土司遗址，在选址特征、整体布局、功能类型、建筑形式、材料和工艺等方面既展现出当地民族鲜明的文化特色，又在此基础上表现出尤为显著的土司统治权力象征、民族文化交流和国家认同等土司遗址特有的共性特征，是该历史时期土司制度管理智慧的代表性物证。

土司遗址系列遗产也见证了古代中国作为统一多民族国家，对西南山地多民族聚居地区独特的"齐政修教、因俗而治"的管理智慧，这一管理智慧促进了民族地区的持续发展，有助于国家的长期统一，并在维护民族文化多样性传承方面具有突出的意义。

外文名称：Tusi Sites

遗产类别：世界文化遗产

批准时间：2015

符合标准：(ⅱ)(ⅲ)

丽 江 古 城

丽江古城是中国历史文化名城中唯一没有城墙的古城,始建于宋末元初(13 世纪)。

世界遗产委员会评价:丽江古城,把经济和战略重地与崎岖的地势巧妙地融合在一起,真实、完美地保存和再现了古朴的风貌。古城的建筑历经数个世纪的洗礼,融汇了各个民族的文化特色而声名远扬。丽江还拥有古老的供水系统,这一系统纵横交错,精巧独特,至今仍在有效地发挥着作用。

外文名称:Old Town of Lijiang

遗产类别:世界文化遗产

批准时间:1997

符合标准:(ii)(iv)(v)

平 遥 古 城

世界遗产委员会评价:平遥古城建于 14 世纪,是现今保存完整的汉民族城市的杰出范例。其城镇布局集中反映了 5 个多世纪以来,中国的建筑风格和城市规划的发展。特别值得一提的是,这里与银行业有关的建筑格外雄伟,因为平遥是 19—20 世纪初期整个中国金融业的中心。

外文名称:Ancient City of Ping Yao

遗产类别:世界文化遗产

批准时间:1997

符合标准:(ii)(iii)(iv)

武 当 山 古 建 筑 群

武当山位于湖北省丹江口市的西南部。现存的 36 处宫观大多是明代所建,是中国现存最完整、规模最大、等级最高的道教古建筑群。这里是武当道教、武当武术圣地。

世界遗产委员会评价:这里的宫殿和庙宇构成了这一组世俗和宗教建筑的核心,集中体现了中国元、明、清三代的建筑和艺术成就。古建筑群坐落在沟壑纵横、风景如画的湖北省武当山麓,在明代期间(14—17世纪)逐渐形成规模,其中的道教建筑可以追溯到7世纪,这些建筑代表了近千年来中国艺术和建筑的最高水平。

　　外文名称:Ancient Building Complex in the Wudang Mountains

　　遗产类别:世界文化遗产

　　批准时间:1994

　　符合标准:(i)(ii)(vi)

明清故宫(北京故宫、沈阳故宫)

　　北京故宫被誉为世界五大宫(北京故宫、法国凡尔赛宫、英国白金汉宫、美国白宫和俄罗斯克里姆林宫)之首。

　　世界遗产委员会评价:紫禁城是中国在5个世纪(1416—1911)中最高权力的中心,它凭借园林景观和容纳了家具、工艺品的10000多个房间的庞大建筑群,成为明清时代中国文明无价的历史见证。

　　北京故宫于1987年被列入《世界遗产名录》,沈阳故宫作为其扩展项目也被列入其中,目前称为明清故宫(北京故宫、沈阳故宫)。

　　沈阳清朝故宫建于1625—1783年间,共有114座建筑,其中包括一个极为珍贵的藏书馆。沈阳故宫是统治中国的最后一个朝代在将权力扩大到全国中心、迁都北京之前建立的见证,后来成为北京故宫的附属皇宫建筑。这座雄伟的建筑为清朝历史,以及满族和中国北方其他部族的文化传统提供了重要的历史见证。

　　外文名称:Imperial Palaces of the Ming and Qing Dynasties in Beijing and Shenyang

　　遗产类别:世界文化遗产

　　批准时间:1987(2004扩展范围)

　　符合标准:(i)(ii)(iii)(iv)

　　交流互鉴:罗马历史中心——享受治外法权的罗马教廷建筑和缪拉圣保

罗弗利(意大利与梵蒂冈共享),布尔萨和库马利吉兹克历史遗迹群——奥斯曼帝国的诞生、伊斯坦布尔历史区(土耳其),红堡建筑群(印度),凡尔赛宫(法国),克里姆林宫(俄罗斯),古京都历史古迹(日本),波斯波利斯(伊朗)。

天 坛——北 京 皇 家 祭 坛

天坛是明、清两代皇帝祭天、祈谷的圣地,是世界上最大的祭天建筑群。

世界遗产委员会评价:天坛,建于 15 世纪上半叶,坐落在皇家园林当中,四周古松环抱,是保存完好的坛庙建筑群。无论在整体布局还是单一建筑上,都反映出天地之间(即人神之间)的关系,而这一关系在中国古代宇宙观中占据着核心位置。同时,这些建筑还体现出帝王在这一关系中所起的独特作用。

外文名称:Temple of Heaven:an Imperial Sacrificial Altar in Beijing

遗产类别:世界文化遗产

批准时间:1998

符合标准:(i)(ii)(iii)

颐 和 园——北 京 皇 家 园 林

颐和园原是清代皇家花园和行宫,是山水规划、借景、模拟、对景等中国造园艺术的鲜活范例。

世界遗产委员会评价:北京颐和园,始建于 1750 年,19 世纪 60 年代在战火中严重损毁,1886 年在原址上重新进行了修缮。其亭台、长廊、殿堂、庙宇、小桥等人工景观与自然山峦、开阔的湖面和谐地融为一体,具有极高的审美价值,堪称中国风景园林设计中的杰作。

外文名称:Summer Palace, an Imperial Garden in Beijing

遗产类别:世界文化遗产

批准时间:1998

符合标准:(i)(ii)(iii)

交流互鉴:波斯园林(伊朗),夏利玛尔公园(巴基斯坦),阿兰胡埃斯文化景观(西班牙),卡塞塔18世纪的皇宫及园林(意大利),枫丹白露宫及庭院(法国),波兹坦与柏林的宫殿与庭园(德国),伦敦基尤皇家植物园(英国)。

明清皇家陵寝

世界遗产委员会评价:明清皇家陵寝依照风水理论精心选址,将数量众多的建筑物巧妙地安置于地下。它是人类改变自然的产物,体现了传统的建筑和装饰思想,阐释了封建中国持续500余年的世界观与权力观。

外文名称:Imperial Tombs of the Ming and Qing Dynasties

遗产类别:世界文化遗产

批准时间:2000(2003年、2004年扩展范围)

符合标准:(i)(ii)(iii)(iv)(vi)

皖南古村落——西递、宏村

西递和宏村是安徽南部民居中最具有代表性的两座古村落,其独特的水系是实用与生态美学相结合的典范。

世界遗产委员会评价:西递、宏村这两个传统的古村落在很大程度上仍然保持着在20世纪已经消失或改变了的乡村面貌。其街道规划、古建筑和装饰,以及供水系统完备的民居都是非常独特的文化遗存。

外文名称:Ancient Villages in Southern Anhui-Xidi and Hongcun

遗产类别:世界文化遗产

批准时间:2000

符合标准:(iii)(iv)(v)

交流互鉴:韩国历史村落——河回村和良洞村(韩国),白川乡和五屹山历史村落(日本),提沃利的阿德利阿纳村庄(意大利),史塔瑞格雷德平原(克罗地亚)。

澳门历史城区

16 世纪中叶,明朝政府划出澳门半岛西南部一片地段,供以葡萄牙人为主的外国商人居住及进行贸易,澳门由此发展成 19 世纪前中国主要的对外港口之一。

世界遗产委员会评价:澳门是一个繁华兴盛的港口,在国际贸易发展中有着重要的战略地位。从 16 世纪中叶开始,澳门就处于葡萄牙统治之下,直到 1999 年中国对澳门恢复行使主权。澳门历史城区保留着葡萄牙和中国风格的古老街道、住宅、宗教和公共建筑,见证了东西方美学、文化、建筑和技术影响力的交融。城区还保留了一座堡垒和一座中国最古老的灯塔。此城区是在国际贸易蓬勃发展的基础上,中西方交流最早且持续沟通的见证。

外文名称:Historic Centre of Macao

遗产类别:世界文化遗产

批准时间:2005

符合标准:(ii)(iii)(iv)(vi)

交流互鉴:会安古镇(越南),琅勃拉邦(老挝),马六甲海峡的历史名城——马六甲与乔治城(马来西亚),维甘历史古城(菲律宾),加勒老城及堡垒(斯里兰卡),果阿的教堂和修道院(印度),蒙巴萨的耶稣堡(肯尼亚)。

开平碉楼与村落

世界遗产委员会评价:开平碉楼与村落以广东省开平市用于防卫的多层塔楼式乡村民居——碉楼而著称,展现了中西建筑和装饰形式复杂而灿烂的融合,表现了 19 世纪末及 20 世纪初开平侨民在几个南亚国家、澳洲和北美国家发展进程中的重要作用,以及海外开平人与其故里的密切联系。此次收录的遗产包括 4 组共计 20 座碉楼,是村落群中近 1800 座塔楼的代表,代表了近 5 个世纪塔楼建筑的巅峰,也展现了散居国外的华侨与故土之间仍然紧密的联系。这些建筑分为 3 种形式:由若干户人家共同兴建的众楼,为临时避难处,现存 473 座;由富有人家独自建造的居楼,同时具有防卫和居住的功能,现存 1149 座;以及出现时间最晚的更楼,为联防预警之用,现存 221 座。也可分为石楼、土楼、青砖楼、钢筋水泥楼,反映了中西方建筑风格复杂而完美的融合。碉楼与周围的乡村景观和谐共生,见证了明代以来以防匪为目的的当地建筑传统的最后繁荣。

外文名称:Kaiping Diaolou and Villages

遗产类别:世界文化遗产

批准时间:2007

符合标准:(ii)(iii)(iv)

鼓浪屿——历史国际社区

世界遗产委员会评价:鼓浪屿是九龙江入海口处的一个小岛,离厦门市不远。随着 1843 年厦门的开埠通商及 1903 年鼓浪屿被划为国际区,这座位于中国南部海滨的岛屿一下子成为中外交流的重要窗口。鼓浪屿是在交流中诞生的,是文化交融的一个例证,其城市肌理也充分体现了这一点。在鼓浪屿,不同的建筑风格混合在一起,比如福建南方的传统建筑、西方新古典主义风格或是带着阳台的殖民风格的建筑。最有特点的例证是在这里还创造了一种融合了不同影响的新建筑风格,即所谓的厦门装饰风格。

外文名称:Kulangsu: a Historic International Settlement

遗产类别:世界文化遗产

批准时间:2017

符合标准:(ii)(iv)

交流互鉴:马六甲海峡的历史名城——马六甲与乔治城(马来西亚),维甘历史古城(菲律宾),加勒老城及堡垒(斯里兰卡),果阿的教堂和修道院(印度),蒙巴萨的耶稣堡(肯尼亚)。

朝　鲜

📍 **首都**：平壤

🤝 **伙伴关系**：传统友好合作关系（1950）

◎ **世界文化遗产**：开城历史古迹和遗址，高句丽古墓群，共 2 处。

开城历史古迹和遗址

　　世界遗产委员会评价：开城历史古迹和遗址位于黄海北道省开城市，该遗址包含 12 个独立的部分，它们共同见证了高丽王朝在 10—14 世纪的历史与文化。前首都开城的风水布局、宫殿、机构、陵墓、城墙及城门体现出该国历史上关键时代的政治、文化、哲学和精神价值观念。被记录的古迹还包括 1 座天文和气象观测台，2 所学校（其中一所专用于教育国家官员）及 1 座纪念石碑。该遗址见证了东亚从佛教到新儒学的过渡，以及朝鲜在高丽王朝统一之前的各种文化精神和政治价值观念的同化。该址的规划和其纪念碑的建筑明显体现了佛教、儒家、道教和风水概念的融合。

　　外文名称：Historic Monuments and Sites in Kaesong

　　遗产类别：世界文化遗产

　　批准时间：2013

　　符合标准：(ii)(iii)

韩　国

◎ **首都**：首尔

🤝 **伙伴关系**：战略合作伙伴关系(2008)

◎ **世界文化遗产**：宗庙，韩国历史村落——河回村和良洞村，昌德宫建筑群，百济遗址区，海印寺及八万大藏经藏经处，高昌、华森和江华的史前墓遗址，华松古堡，石窟庵和佛国寺，庆州历史区，南汉山城，朝鲜王陵，共11处。

宗　庙

世界遗产委员会评价：宗庙是韩国现存最早的和最可信的尊崇儒家的皇家宗庙，用来祭祀朝鲜王朝(1392—1910)的历代祖宗。现在仍保存着16世纪时的原貌。这里经常举行有音乐和歌舞的宗教仪式，这样的传统源自14世纪。

外文名称：Jongmyo Shrine

遗产类别：世界文化遗产

批准时间：1995

符合标准：(iv)

韩国历史村落——河回村和良洞村

世界遗产委员会评价：河回村和良洞村始建于14—15世纪，这两座村庄被认为是韩国最具代表性的历史村落。这两座村落背倚树木繁茂的青山，面向河流及开阔的农田,它们布局和选址的目的在于从周围的环境中汲取物质和精神食粮,反映出朝鲜王朝(1392—1910)早期鲜明的贵族儒家文化特点。其建筑包括村落首领家族的宅第、其他家族成员的木框架结构房屋、亭台、学堂、儒家书院,以及平民居住的单层泥墙、茅草屋顶的住宅群。河回村和良洞村山环水绕、亭台如画的美丽景致,曾被众多 17 和 18 世纪的诗人所咏颂。

外文名称:Historic Villages of Korea:Hahoe and Yangdong

遗产类别:世界文化遗产

批准时间:2010

符合标准:(iii)(iv)

昌 德 宫 建 筑 群

世界遗产委员会评价:在 15 世纪早期,太宗皇帝下令在有利的位置修建一座新的宫殿。这座宫殿打造了一个整体的效果,它包括一座花园,里面建有一批办公和居住楼,整个设计是为了适应 58 公顷土地中变化的地形。此建筑是远东宫殿建筑设计的典范,与四周的自然环境和谐地融为一体。

外文名称:Changdeokgung Palace Complex

遗产类别:世界文化遗产

批准时间:1997

符合标准:(ii)(iii)(iv)

百 济 遗 址 区

世界遗产委员会评价:这片遗址位于韩国中西部山区,包括多处建于 475—660 年的考古遗址,包括公山城、宋山里皇陵、雄镇(现称公州)、扶苏山城、关北里行政楼群、内城城墙、泗比(现称扶余)、王宫里和益山上的弥勒寺。所有这些遗迹都展现了朝鲜半岛上最早的三个王国(公元前 18 世纪—公元 660 年)之一——百济王朝后期的状况,这一时期这里正处于朝鲜、中国和日本等东亚古国之间技术、宗教、文化和艺术交流的必经之路上。

外文名称:Baekje Historic Areas

遗产类别：世界文化遗产

批准时间：2015

符合标准：(ii)(iii)

海印寺及八万大藏经藏经处

世界遗产委员会评价：海印寺位于伽耶山，寺中藏有高丽大藏经版。高丽大藏经版是现存最完整的佛教全书，全书用 80000 块木版雕刻而成，完成于 1237—1248 年。藏经阁建于公元 15 世纪，是专门为收藏高丽大藏经版而建造的，这一建筑也被认为是杰出的艺术作品。作为高丽大藏经版最古老的保存地，海印寺和藏经阁有着非常特别之处，其保存木版技术的发明和实施让世人惊叹不已。

外文名称：Haeinsa Temple Janggyeong Panjeon, the Depositories for the Tripitaka Koreana Woodblocks

遗产类别：世界文化遗产

批准时间：1995

符合标准：(iv)(vi)

高昌、华森和江华的史前墓遗址

世界遗产委员会评价：高昌、华森和江华的巨石遗址群是 100 万年前史前人类用巨石架建的数以百计的墓碑和石碑，构成了"巨石文化"的重要组成部分。尽管在世界许多地方都曾经发现过巨石纪念碑，但高昌、华森和江华的巨石是其中最集中、规模最大的遗址群。

外文名称：Gochang, Hwasun and Ganghwa Dolmen Sites

遗产类别：世界文化遗产

批准时间：2000

符合标准：(iii)

日　本

首都：东京

世界文化遗产：古奈良历史遗迹，古京都遗址（京都、宇治和大律城），富士山——神圣之地和艺术启迪之源，姬路城，富冈制丝厂及丝绸产业遗产群，广岛和平纪念公园（原爆遗址），严岛神殿，日光的神殿与庙宇，琉球王国遗迹，法隆寺地区佛教古迹，纪伊山脉胜地和朝圣路线文化景观，明治工业革命遗迹，石见银山遗迹及其文化景观，白川乡和五屹山历史村座，平泉——象征着佛教净土的庙宇、园林与考古遗址，柯布西耶的建筑作品（与阿根廷、比利时、法国、德国、印度、瑞士共享），"神宿之岛"冲之岛及宗像相关遗产群，共 17 处。

古奈良历史遗迹

古奈良历史遗迹包括东大寺、春日大社、兴福寺、药师寺、唐招提寺、元兴寺等 6 座寺院和原始森林等 8 处遗迹。各寺院都珍藏着很多国宝级文物，如唐招提寺的鉴真和尚像等。

奈良是日本文化的摇篮，日本人称奈良为"精神故乡"和"丝绸之路的东方终点"。

第二次世界大战期间，中国著名建筑师与古建筑研究专家梁思成向美军极力建议将奈良和京都列入禁止轰炸的名单，使其免于被战火毁灭的劫难。

世界遗产委员会评价：奈良在 710—784 年是日本的首都，在那个时期，日本国家政府的结构确定了下来，并且奈良到达了其鼎盛时期，成为日本文化的发源地。古奈良的历史遗迹——佛教庙宇、神道教神殿及挖掘出来的帝国宫殿遗迹——向世人展示了一幅8世纪日本首都的生动画面,深刻揭示了当时的政治及文化动荡和变迁。

外文名称:Historic Monuments of Ancient Nara

遗产类别:世界文化遗产

入选时间:1998年

符合标准:(ii)(iii)(iv)(vi)

古京都遗址(京都、宇治和大津城)

京都集中了日本全国最丰富的历史和文化遗产,现有佛寺1500多座、神社2000多座。这座千年古都的最初设计模仿了中国隋唐时代的长安和洛阳,整个建筑群呈长方形排列,以贯通南北的朱雀路为轴,分为东西二京,东京仿照洛阳,西京模仿长安城,中间为皇宫。

世界遗产委员会评价:古京都是仿效古代中国首都形式,于794年建立的。从建立起直到19世纪中叶,古京都一直是日本的首都。作为日本1000多年来的文化中心,古京都不仅见证了日本木结构建筑,特别是宗教建筑的发展,而且也向世人展示了日本花园艺术的变迁,现在日本的花园设计艺术已经对全世界的景观花园设计产生了重大影响。

外文名称:Historic Monuments of Ancient Kyoto (Kyoto, Uji and Otsu Cities)

遗产类别:世界文化遗产

批准时间:1994

符合标准:(ii)(iv)

富士山——神圣之地和艺术启迪之源

世界遗产委员会评价:展示独立之美,屹立于树林和湖泊之上,经常被积雪覆盖的成层火山——世界闻名的富士山,长久地给艺术家和诗人们以灵感,并且一直是他们朝圣的对象。富士山在日本艺术中的出现可以追溯到11世纪,19世纪的出版物使其成为日本的一张国际名片,并对西方艺术的发展产生了深远的影响。遗产共有 25 处能反映富士山美景精华的景点,12 世纪, 它成为包括神道在内的苦行佛教培训中心,在最高峰为 3776 米的山脉的 1500 米以上的部分,有朝圣路线及火山口神社,山下有山本浅间神社、推技 馆(Oshi lodging houses),以及天然的火山地貌,如熔岩树模、湖泊、泉水和瀑 布等胜地。

外文名称:Fujisan, sacred place and source of artistic inspiration

遗产类别:世界文化遗产

批准时间:2013

符合标准:(iii)(vi)

姬 路 城

姬路城是日式城堡建筑的巅峰,有"日本第一名城"的美誉。

世界遗产委员会评价:姬路城是 17 世纪早期日本城堡建筑保存最为完 好的例子,整个城堡由 83 座建筑物组成,展示了幕府时代高度发达的防御系 统和精巧的防护装置。这些建筑在保证了防御功能的同时也体现了极高的 美学价值,是木结构建筑的典范之作。城堡的白色外墙、建筑物的布局和城 堡屋顶的多层设计都显得气势恢宏、雄伟壮观。

外文名称:Himeji-jo

遗产类别:世界文化遗产

批准时间:1993

符合标准:(i)(iv)

富 冈 制 丝 厂 及 丝 绸 产 业 遗 产 群

富冈制丝厂是日本进入近代工业世界的敲门砖。

世界遗产委员会评价:富冈制丝厂是明治政府为了日本的现代化而于明 治五年(1872)最初设立的机械制丝示范厂,缫丝车间长约 140.4 米,宽 12.3 米,高 12.1 米,当时在世界上是规模最大的。1987 年 3 月,富冈制丝厂终于 因为生丝价格低迷而停止生产,工厂内几乎所有的建筑物都被小心地保存了下来,缫丝车间,东、西蚕茧仓库,外国人宿舍(女工馆、检查员馆、卜鲁纳馆)等主要建筑物以当初创业时的状态完好无损地保存了下来。明治政府建造的国营工厂中,以几乎完整的样子保留下来的就只有富冈制丝厂。

外文名称:Tomioka Silk Mill and Related Sites

遗产类别:世界文化遗产

批准时间:2014

符合标准:(ii)(iv)

广岛和平纪念公园(原爆遗址)

世界遗产委员会评价:广岛和平纪念公园是 1945 年 8 月 6 日广岛原子弹爆炸区留下的唯一一处建筑。通过许多人,包括广岛市民的努力,这个遗址被完好地保留了下来,一直保持着遭受原子弹袭击后的样子。广岛和平纪念公园不仅是人类历史上创造的最具毁灭性力量的象征,而且体现了全世界人们追求和平,最终全面销毁核武器的愿望。

外文名称:Hiroshima Peace Memorial (Genbaku Dome)

遗产类别:世界文化遗产

批准时间:1996

符合标准:(vi)

蒙　古

📍 **首都**:乌兰巴托

🤝 **伙伴关系**:全面战略伙伴关系(2014)

🏗 **"一带一路"项目**:策克口岸跨境铁路,中蒙二连浩特—扎门乌德跨境经济合作区,满洲里综合保税区。

⊙ **世界文化遗产**:阿尔泰山脉岩画群,鄂尔浑峡谷文化景观,布尔罕和乐敦圣山及其周围景观,共 3 处。

阿尔泰山脉岩画群

世界遗产委员会评价:在阿尔泰山脉三处遗址发现的大量石刻遗迹与随葬的纪念碑上展现了 12000 多年来人类文化在蒙古国的发展。最早的岩画表明有一时期(公元前 11000 年—公元前 6000 年),该地区还部分覆盖着森林,此处的山谷为猎人们提供了大型狩猎的场所。其后,阿尔泰山地森林景观据推断已经变为今天的山地草原,这一时期的岩画表明放牧逐渐成为当地主导的生活方式。最晚期的岩画作于公元前 1000 年早期及斯基泰时期与后突厥汗国时期(7—8 世纪),展示了此处的生活方式向马上游牧生活的过渡。阿尔泰山脉岩画群为我们了解北亚地区的史前社会提供了富有价值的史料。

外文名称:Petroglyphic Complexes of the Mongolian Altai

遗产类别:世界文化遗产

批准时间:2011

符合标准:(iii)

鄂尔浑峡谷文化景观

世界遗产委员会评价:鄂尔浑峡谷文化景观占地 121967 公顷,包括鄂尔浑河两岸辽阔的牧地与可追溯到 6 世纪的考古遗迹群。此外,这个地区还包含 13 世纪和 14 世纪成吉思汗的大帝国首都哈尔和林。鄂尔浑峡谷文化景观中的遗址都清楚地反映出游牧生活、游牧民族社会与管理和宗教中心的共生关联性,并且展现出鄂尔浑峡谷在中亚历史上的重要性。现在这片草原上仍有蒙古国的游牧民族在此放牧。

外文名称:Orkhon Valley Cultural Landscape

遗产类别:世界文化遗产

批准时间:2004

符合标准：(ii)(iii)(iv)

布尔罕和乐敦圣山及其周围景观

世界遗产委员会评价：这片景观位于蒙古国东北科特山脉中部，这里是中亚大草原和西伯利亚泰加群落针叶林的交界处。布尔罕和乐敦圣山与对山脉、河流和萨满教石碓的崇拜有关，祭拜仪式混合了古老的肯特山崇拜和佛教仪式。这里也被认为是成吉思汗的出生地和埋葬地，见证了他为统一蒙古而建立大山崇拜的努力。

外文名称：Great Burkhan Khaldun Mountain and its surrounding sacred Landscape

遗产类别：世界文化遗产

批准时间：2015

符合标准：(iv)(vi)

东南亚11国

越南、老挝、柬埔寨、缅甸、泰国、菲律宾、新加坡、
文莱、东帝汶、印度尼西亚、马来西亚

越　南

◎ **首都**：河内

🤝 **伙伴关系**：全面战略合作伙伴关系（2008）

🏗 **"一带一路"项目**：越中友谊宫，平顺省永新燃煤电厂，越南龙江工业园，越南河静钢铁项目。

◎ **世界文化遗产**：会安古镇，河内升龙皇城，胡朝时期的城堡，长安名胜群，顺化历史建筑群，美山寺庙，共 6 处。

会 安 古 镇

5 世纪，会安是古代占婆国的著名海港，意为"大海口"。发展到 16 世纪，这里演变成了一个东南亚最重要的贸易交流中心。从 15 世纪起，中国、荷兰、葡萄牙、英国、法国等国家先后在会安港设立商站。其中，尤以中国的商船为最多，有时一次竟多达上百艘。中国商船带来的商品有锦缎、纸张、毛笔、铜器、瓷器、陶器、银器、金币、银锭、铝、铅、硫黄等，而从会安则购回胡椒、糖、木材、香料、鱼翅、燕窝、犀牛角、象牙、黄金、蚕丝等当地土特产。会安也是最早出现旅越华侨的城市，唐人街里建有观音庙、关帝庙等中国式庙宇。和中国的丽江古城一样，会安古城也没有机动车。

世界遗产委员会评价：会安是东南亚保存完好的 15—19 世纪的传统贸易港，其建筑和街道样式受到土洋结合风格的影响，这种风格也体现在整个遗址的建筑中。会安城内除大部分为中国式建筑外，还有为数不少的法式古典建筑和庭院式建筑群，这些法式建筑大多数外形漂亮、美观、线条优美，外墙则装饰着欧洲文艺复兴时期的人物塑像，颇具艺术价值。城内还有不少有越南民族特色的优美建筑。会安是一处著名的文化色彩浓郁的国际商业港，也是一处保存极其完好的亚洲传统贸易港的典范。

外文名称：Hoi An Ancient Town

遗产类别：世界文化遗产

批准时间：1999

符合标准：(ii)(v)

河内升龙皇城

世界遗产委员会评价：皇城建于 11 世纪越南李王朝时期，是大越独立的标志。此处原是 7 世纪时由中国在红河三角洲的一块土地上排水而建的一座城堡。直至 13 世纪，这里一直是区域政治权力中心。皇城建筑物与黄耀街 18 号考古遗址反映了东南亚——确切地说是红河下游河谷——在北部的中国与南部的占城古王国交互影响下出现的独特文化。

外文名称：Central Sector of the Imperial Citadel of Thang Long-Hanoi

遗产类别：世界文化遗产

批准时间：2010

符合标准：(ii)(iii)(vi)

胡朝时期的城堡

世界遗产委员会评价：城堡修建于 14 世纪，建设遵循了风水原则，是 14 世纪末期传到越南及东亚其他地区的新儒家思想发扬光大的见证。城堡建在连接起长山与东山山脉的轴线上，位于马江与八里河之间平原上一片风景秀丽之处。壮观的城堡建筑本身代表着东南亚王城建设历史中曾涌现出的一种新风格。

外文名称：Citadel of the Ho Dynasty

遗产类别：世界文化遗产

批准时间：2011

符合标准：(ii)(iv)

长安名胜群

世界遗产委员会评价：长安名胜群的总面积为 4000 公顷，全部为长安石灰岩地质，既符合文化、审美价值，又符合地质、地貌价值的各项标准，因此被评为世界自然与文化遗产。这一名胜群是目前世界上唯一基本保持原貌并被加以继承与发扬的具有文化价值和自然价值的名胜区，同时也是东南亚极美的名胜区之一。

外文名称：Trang An Landscape Complex

遗产类别：世界自然与文化遗产

批准时间：2014

符合标准：(v)(vii)(viii)

顺化历史建筑群

世界遗产委员会评价：顺化作为越南统一后的首都建于 1802 年，在阮朝统治下直到 1945 年。在此期间它不仅是政治中心，同时也是文化和宗教中心。香河蜿蜒流经都城、帝国城、紫禁城及内城，给这个独特的封建都市平添了许多自然景色。

外文名称：Complex of Hué Monuments

遗产类别：世界文化遗产

批准时间：1993

符合标准：(iv)

美山寺庙

世界遗产委员会评价：在 4—13 世纪，由于受到印度教的启发，越南自己的文化在本土上发展起来。占婆王国在作为宗教和政治首府时所保存下来的一系列庙宇和殿堂生动地说明了这一切。

外文名称：My Son Sanctuary

遗产类别：世界文化遗产

批准时间：1999

符合标准：(ii)(iii)

老 挝

◎ 首都：万象

🤝 伙伴关系：全面战略合作伙伴关系(2009)

🏗 "一带一路"项目：中老铁路(玉溪—磨憨—万象)，磨憨—磨丁跨境经济合作区。

◎ 世界文化遗产：琅勃拉邦的古城，占巴塞文化景观内的瓦普庙和相关古民居，共2处。

琅 勃 拉 邦 的 古 城

琅勃拉邦位于湄公河畔群山环抱的谷地中，是老挝现存最古老的一个城镇。1353年澜桑国国王范甘统一了老挝，把首都设在琅勃拉邦，直至1545年国王菩提萨罗在位时迁都万象。1694年澜桑国分裂成三个小国，琅勃拉邦是其中一个小国的首都。1893年以后，老挝逐步沦为法国的保护国，琅勃拉邦还是老挝国王王宫的所在地。

世界遗产委员会评价：琅勃拉邦与众不同之处在于其城镇中传统的老挝建筑融于19—20世纪欧洲殖民者留下的欧洲城市结构中。琅勃拉邦完全保留了其独特的城镇风貌，是两种截然不同的文化传统间相互融合的突出体现。

外文名称：Town of Luang Prabang

遗产类别：世界文化遗产

批准时间：1995

符合标准：(ii)(iv)(v)

占巴塞文化景观内的瓦普庙和相关古民居

世界遗产委员会评价：占巴塞文化景观，包括瓦普神庙建筑群，是一处完好保留了 1000 多年的人类文化景观。占巴塞文化景观，以山顶至河岸为轴心，在方圆 10 公里的地方，整齐而有规划地建造了一系列庙宇、神殿和水利设施，完美表达了古代印度文明中天人关系的文化理念。占巴塞文化景观还包括湄公河两岸的 2 座文化名城和普高山，体现了 5—15 世纪以高棉帝国为代表的老挝文化发展概况。

外文名称：Vat Phou and Associated Ancient Settlements within the Champasak Cultural Landscape

遗产类别：世界文化遗产

批准时间：2001

符合标准：(iii)(iv)(vi)

柬埔寨

📍 **首都：**金边

🤝 **伙伴关系：**全面战略合作伙伴关系(2010)

🏗 **"一带一路"项目：**柬埔寨西哈努克港经济特区。

◎ **世界文化遗产：**吴哥窟，帕威夏塔庙，古伊奢那补罗考古遗址的三波坡雷古寺庙区，共 3 处。

吴哥窟

吴哥窟以建筑宏伟与浮雕细致闻名于世,与中国的长城、印度的泰姬陵、印尼的婆罗浮屠寺庙群并称为古代东方四大奇迹。吴哥窟的造型已经成为柬埔寨国家的标志。

世界遗产委员会评价:吴哥窟是东南亚最重要的考古学遗址之一。吴哥窟遗址公园占地面积达 400 多平方千米,包括森林地区,有 9—15 世纪高棉帝国各个时期首都的辉煌遗迹,其中包括了著名的吴哥寺,以及坐落在吴哥索姆的以无数雕塑饰品著称的白永寺庙(Bayon Temple)。联合国教科文组织已经为这一遗址及其周边制定了一项覆盖范围广泛的保护计划。

外文名称:Angkor

遗产类别:世界文化遗产

批准时间:1992

符合标准:(i)(ii)(iii)(iv)

帕威夏塔庙

世界遗产委员会评价:帕威夏塔庙坐落于柬埔寨平原中央高地的边缘地带,是供奉湿婆神(Shiva)的圣所。神庙建成于 11 世纪上半叶,不过,其复杂的历史最早可追溯到 9 世纪,当时它是一座偏僻的隐修所。神庙保存十分完好,主要是因为它位于泰国和柬埔寨边境附近,地理位置偏僻。这处遗址之所以卓尔不群,原因有三:它位于海边悬崖之上,从险峻的绝壁上可以远眺广阔的平原和连绵起伏的群山;建筑风格与周围的环境及神庙的宗教功能融为一体;最后是神庙精美的石雕装饰。

外文名称:Temple of Preah Vihear

遗产类别:世界文化遗产

批准时间:2008

符合标准:(i)

缅　甸

◎ **首都**：内比都

🤝 **伙伴关系**：全面战略合作伙伴关系（2011）

🏗 **"一带一路"项目**：中缅铁路（保山—瑞丽、大理—临沧、临沧—清水河），中缅油气管道项目，皎漂工业园与深水港项目。

◎ **世界文化遗产**：骠国古城，共 1 处。

骠　国　古　城

世界遗产委员会评价：骠国古城位于缅甸中部，坐落在伊洛瓦底江中游左岸，包括 Halin（罕林，位于实阶省）、Beikthano（毗湿奴，位于马圭省）和 Sri Ksetra（室利差旦罗，位于勃固省）这三座用砖石建造，外围被城墙和护城河环绕的古城，它们分布在伊洛瓦底江流域干涸区域内的广大灌溉景观之中。这些遗迹见证了骠国在公元前 200 年至公元 900 年间 1000 多年的辉煌历史。

外文名称：Pyu Ancient Cities

遗产类别：世界文化遗产

批准时间：2014

符合标准：(ii)(iii)(iv)

泰　国

◎ **首都**：曼谷

🤝 **伙伴关系**：全面战略合作伙伴关系（2012）

🏗 **"一带一路"项目**：中泰铁路，泰国泰中罗勇工业园。

◎ **世界文化遗产**：班清考古遗址，素可泰历史城镇及相关历史城镇，阿育他亚（大城）历史城及相关城镇，共 3 处。

班清考古遗址

世界遗产委员会评价：班清被视为迄今为止在东南亚发现的最重要的史前聚居地，它的发现向人们揭示了人类文化、社会和技术发展过程中的一个很重要的阶段。从该遗址中发掘出来的陪葬物证实该地区曾有过农业耕作、制造和使用金属的活动，也是迄今为止所能提供的最早的此类证明。

外文名称：Ban Chiang Archaeological Site

遗产类别：世界文化遗产

批准时间：1992

符合标准：(iii)

素可泰历史城镇及相关历史城镇

世界遗产委员会评价：素可泰是 13—14 世纪暹罗第一王国的首府，这里矗立着许多引人注目的纪念性建筑，反映了泰国早期建筑的艺术风格。素可泰王国时期逐步形成的灿烂文明迅速吸收了各种文化成分，并结合当地的古老传统,以此构成现在所谓的"素可泰风格"。

外文名称:Historic Town of Sukhothai and Associated Historic Towns

遗产类别:世界文化遗产

批准时间:1991

符合标准:(i)(iii)

阿育他亚(大城)历史城及相关城镇

世界遗产委员会评价:阿育他亚(大城)是继素可泰之后的第二任暹罗首府,大约建于 1350 年,18 世纪被缅甸人摧毁。它的遗迹——圣骨塔和大清真寺至今还依稀显露出其昔日的辉煌。

外文名称:Historic City of Ayutthaya

遗产类别:世界文化遗产

批准时间:1991

符合标准:(iii)

菲律宾

📍 **首都**:马尼拉

◎ **世界文化遗产**:菲律宾科迪勒拉山的水稻梯田,维甘历史古城,菲律宾的巴洛克教堂,共 3 处。

菲律宾科迪勒拉山的水稻梯田

世界遗产委员会评价:2000 年来,科迪勒拉山高产的水稻田已经覆盖了整个山脉,水稻沿着山坡种植。种植知识代代相传,神圣的传统文化与社会使这里形成了一道美丽的风景,体现了人类与环境之间的征服和融合。

外文名称:Rice Terraces of the Philippine Cordilleras

遗产类别:世界文化遗产

批准时间:1995

符合标准:(iii)(iv)(v)

其他信息:濒危 2001

维甘历史古城

世界遗产委员会评价:维甘历史古城始建于 16 世纪,是亚洲保存最完好的西班牙殖民城市,该建筑不仅反映出菲律宾其他地方的建筑风格,还融入了中国和欧洲的建筑特色。维甘古城风光秀美,有丰富的文化底蕴,在东亚和东南亚都是首屈一指的。

外文名称:Historic Town of Vigan

遗产类别:世界文化遗产

批准时间:1999

符合标准:(ii)(iv)

菲律宾的巴洛克教堂

世界遗产委员会评价:这些教堂位于马尼拉、圣玛丽亚、帕瓦伊及米亚高,其中最早的圣奥古斯丁教堂是由西班牙人在 16 世纪晚期建造的,结构独特、举世无双。

外文名称:Baroque Churches of the Philippines

遗产类别:世界文化遗产

批准时间:1993

符合标准:(ii)(iv)

新加坡

◉ **首都**：新加坡

🤝 **伙伴关系**：与时俱进的全方位合作伙伴关系（2015）

文　莱

◉ **首都**：斯里巴加湾市

🤝 **伙伴关系**：战略合作伙伴关系（2013）

东帝汶

◉ **首都**：帝力

🤝 **伙伴关系**：睦邻友好、互信互利的全面合作伙伴关系（2014）

印度尼西亚

◎ **首都**：雅加达

🤝 **伙伴关系**：全面战略伙伴关系（2013）

🏗 **"一带一路"项目**：雅万铁路，塔岛铁矿项目，华电印尼巴厘岛电厂，中国·印尼经贸合作区，中国印尼综合产业园区青山园区，中国·印度尼西亚聚龙农业产业合作区。

◎ **世界文化遗产**：巴厘文化景观——展现"幸福三要素"哲学思想的苏巴克灌溉系统，婆罗浮屠寺庙群，普兰巴南寺庙群，桑吉兰早期人类遗址，共4处。

巴厘文化景观——展现"幸福三要素"哲学思想的苏巴克灌溉系统

世界遗产委员会评价：巴厘文化景观拥有5块水稻梯田和它们的水神庙，占地1.95万公顷。水神庙是以"苏巴克（SUBAK）"闻名于世的由水渠、水坝组成的协作水管理系统的中枢，其历史最早可追溯至9世纪。在遗产地内还有一座18世纪的皇家寺庙——母神庙（Royal Temple of Pura Taman Ayun），它是岛上同类型建筑中最大、最具震撼力的一座。苏巴克体现了"幸福三要素（Tri Hita Karana）"的哲学概念，是精神王国、人类世界和自然领域三者的相互结合。这一哲学思想是过去2000多年中巴厘岛和印度文化交流的产物，促成了巴厘景观的形成。尽管供养岛上稠密的人口是一大挑战，但苏巴克体系所倡导的民主与公平的耕种实施原则使得巴厘人成了群岛中最多产的水稻种植者。

外文名称：Cultural Landscape of Bali Province：the Subak System as a

Manifestation of the Tri Hita Karana Philosophy

遗产类别：世界文化遗产

批准时间：2012

符合标准：(ii)(iii)(v)(vi)

婆罗浮屠寺庙群

婆罗浮屠寺庙群位于印度尼西亚，大约于 750—850 年间，由当时统治爪哇岛的夏连特拉王朝统治者兴建。后来因为火山爆发，佛塔群下沉，并被掩盖于茂密的热带丛林中近千年，直到 19 世纪初才被清理出来。与中国的长城、印度的泰姬陵、柬埔寨的吴哥窟并称为古代东方四大奇迹。

世界遗产委员会评价：这座著名的佛教圣殿，建于 8—9 世纪，位于爪哇岛中部。整个建筑分为 3 层：基座是 5 个同心方台，呈角锥体；中间是 3 个环形平台，呈圆锥体；顶端是佛塔。四周围墙和栏杆饰以浅浮雕，总面积 2500 平方米。围绕着环形平台的是 72 座透雕细工的印度塔，内有佛龛，每个佛龛供奉一尊佛像。该遗址在联合国教科文组织的援助下于 20 世纪 70 年代得以重建。

外文名称：Borobudur Temple Compounds

遗产类别：世界文化遗产

批准时间：1991

符合标准：(i)(ii)(vi)

普兰巴南寺庙群

世界遗产委员会评价：建于 10 世纪的普兰巴南寺庙群是印度尼西亚最大的湿婆神建筑群。6 座寺庙在同心广场的正中间拔地而起：其中 3 座主寺庙饰有罗摩衍那史诗的浮雕，分别供奉着印度教的 3 位主神（湿婆、毗湿奴和罗摩）；另外 3 座寺庙为守护神灵的动物而建造。

外文名称：Prambanan Temple Compounds

遗产类别：世界文化遗产

批准时间：1991

符合标准：(i)(iv)

桑吉兰早期人类遗址

世界遗产委员会评价：考古团队于1936—1941年对桑吉兰早期人类遗址进行挖掘，发现了早期原始人类化石。后来，这里先后发现了50种化石，包括远古巨人、猿人直立人/直立人，占世界已知原始人类化石种类的一半。150万年前的人类聚居地这一事实，使桑吉兰成为理解和研究人类进化论最重要的地区之一。

外文名称：Sangiran Early Man Site

遗产类别：世界文化遗产

批准时间：1996

符合标准：(iii)(vi)

马来西亚

◎ **首都**：吉隆坡

🤝 **伙伴关系**：全面战略伙伴关系(2013)

🏗 **"一带一路"项目**：马来西亚马中关丹产业园，皇京港，马来西亚中车轨道交通装备有限公司。

◎ **世界文化遗产**：玲珑谷地的考古遗址，马六甲海峡的历史名城——马六甲与乔治城，共2处。

玲珑谷地的考古遗址

世界遗产委员会评价:这一文化遗产坐落在郁郁葱葱的玲珑谷,共包括分属2个部分的4处考古遗址。整个遗产的时间跨度接近200万年,这是在单个地方所发现的最长的早期人类记录之一,也是非洲大陆以外最古老的。这里的考古遗址中既有露天遗址,也有洞穴遗址,还可以找到旧石器时代打造工具的场所及早期技术的证据。在相对有限的区域内发现的遗址数量表明,这里曾出现过一个相对较大、半定居的人类族群,其文化遗存可追溯到旧石器时代、新石器时代及金属时代。

外文名称:Archaeological Heritage of the Lenggong Valley

遗产类别:世界文化遗产

批准时间:2012

符合标准:(iii)(iv)

马六甲海峡的历史名城——马六甲与乔治城

马六甲是马来西亚历史最悠久的古城,它位于马六甲海峡北岸,马六甲河穿城而过。该城始建于1403年,曾是马六甲王国的都城;1511年沦为葡萄牙殖民地;1641年为荷兰占据;1826年成为英国海峡殖民地一部分。马来西亚第一位首相拉曼在1956年2月20日宣布马来西亚独立,其仪式就是在马六甲的草场举行的。

马六甲市内汇集有多国风格的文化遗产。华人领袖郑芳杨于1567年建造的青云亭是马来西亚最早的庙宇,供奉有观音菩萨、关帝、王母娘娘,至今仍是华人宗教活动的中心。此外还有纪念中国明代航海家郑和的三保山、三保井、三保亭等。葡萄牙式古迹有圣地亚哥古城门和圣保罗教堂等。荷兰式建筑有史达特斯教堂(现为市政厅),以及由荷兰民宅改建的马六甲博物馆,馆内陈列有苏丹国王曼苏尔·沙建国构想图、郑和与公主汉丽宝朝见国王的图文、古代兵器、农村用具等。郊外的东奎那教堂为苏门答腊式建筑,内有柔佛苏丹的陵墓。

郑和(1371—1433),中国明朝航海家、外交家。1405—1433年,郑和七下西洋,途经西太平洋和印度洋的30多个国家。

世界遗产委员会评价:马六甲与乔治城在500多年间推动了东西方在马六甲海峡的贸易往来与文化交流,亚洲与欧洲的影响赋予它们独特的物质和非物质多元文化遗产。马六甲城内的政府建筑、教堂、广场及防御工事展现出了这座城市早期的发展历程,它的历史可以追溯至15世纪马来苏丹政权时期及其后的葡萄牙统治时期,再到16世纪早期开始的荷兰统治时期。乔治城则以民居与商用建筑为特色,反映了自18世纪末期开始的英国统治时期的历史面貌。这2座城市呈现出的独特的建筑与文化景观在东亚及东南亚其他地区绝无仅有。

外文名称:Melaka and George Town,Historic Cities of the Straits of Malacca

遗产类别:世界文化遗产

批准时间:2008

符合标准:(ii)(iii)(iv)

中亚5国

哈萨克斯坦、吉尔吉斯斯坦、塔吉克斯坦、
乌兹别克斯坦、土库曼斯坦

哈萨克斯坦

⊙ **首都**：阿斯塔纳

🤝 **伙伴关系**：全面战略伙伴关系（2011）

🏗 **"一带一路"项目**：霍尔果斯国际边境合作中心，中哈（连云港）物流合作基地，日熔化600吨浮法玻璃项目，苏克石油天然气公司（港资），中国—中亚天然气D线管道。

⊙ **世界文化遗产**：丝绸之路——起始段和天山廊道的路网（与中国、吉尔吉斯斯坦共享），泰姆格里考古景观岩刻，霍贾·艾哈迈德·亚萨维陵墓，共3处。

丝绸之路——起始段和天山廊道的路网（与中国、吉尔吉斯斯坦共享）

丝绸之路——起始段和天山廊道的路网在哈萨克斯坦境内有8处遗产点，其中阿拉木图州有开阿利克遗址、塔尔加尔遗址、卡拉摩尔根遗址3处，江布尔州有阿克托贝遗址、库兰遗址、奥尔内克遗址、阿克亚塔斯遗址、科斯托比遗址5处。

以开阿利克遗址为例，它包括泥墙、市场、客栈、浴室、供水系统、造币厂等体现城市文化、土地利用的遗迹，以及基督教、伊斯兰教、佛教、摩尼教和萨满教的多处寺庙、墓地和石刻遗迹。它是8—14世纪卡鲁克国的首都。在13世纪中期，法国国王路易九世派出的大使鲁布鲁克（Guillaume de Rubrouck）在出访蒙古汗国的途中参观了开阿利克城，他把这座城市描述为"大的贸易中心"。

世界遗产委员会评价：丝绸之路是东西方之间融合、交流和对话之路，近

2000 年以来为人类的共同繁荣做出了重要的贡献。天山廊道在丝绸之路交通与交流体系中具有突出的特点。它形成于公元前 2 世纪,兴盛于 6—14 世纪,沿用至 16 世纪,分布于今中国、哈萨克斯坦和吉尔吉斯斯坦境内。丝绸之路见证了公元前 2 世纪至公元 16 世纪期间,亚欧大陆经济、文化、社会发展之间的交流,尤其是游牧与定居文明之间的交流;它在长途贸易推动大型城镇和城市发展,利用水利管理系统支撑交通贸易等方面是一个出色的范例;它与张骞出使西域等重大历史事件直接相关,深刻反映出佛教、摩尼教、拜火教等宗教和城市规划思想等在古代中国和中亚等地区的传播。

外文名称:Silk Roads: the Routes Network of Chang'an-Tianshan Corridor

遗产类别:世界文化遗产

批准时间:2014

符合标准:(ii)(iii)(v)(vi)

泰 姆 格 里 考 古 景 观 岩 刻

世界遗产委员会评价:置身于泰姆格里大峡谷,在辽阔的群山环抱中,有一组值得注意的多达 5000 多件的岩石雕刻。其创作年代从公元前 1000 年到 20 世纪初跨越整整 3000 年。这些作品散布在远古人类居住的建筑和坟墓的 48 个遗址上,反映了当地人耕种方式、社会组织和宗教仪式等方面的情况。遗址中的人类住所通常是多层的,各个年代都有人居住。这里还有大面积的古代墓群,其中包括带有盒形和箱形石坟的石围栏(铜器时代的中期和晚期),以及建在坟墓(从铁器时代至今)上的土石堆(坟头)。峡谷中部有密集的雕版画,它们被认为是远古祭坛的遗迹,表明这些地方曾用于摆放祭品。

外文名称:Petroglyphs within the Archaeological Landscape of Tamgaly

遗产类别:世界文化遗产

批准时间:2004

符合标准:(iii)

霍贾·艾哈迈德·亚萨维陵墓

世界遗产委员会评价:霍贾·艾哈迈德·亚萨维陵墓位于突厥斯坦(以前称为亚瑟市),建造于帖木儿(Timurid)时期(1389—1405)。它是帖木儿时代建筑中的杰出代表,对伊斯兰宗教建筑的发展做出了巨大的贡献,提供了中亚地区文化和建筑技术发展的独特见证,它是帖木儿时期规模最大、保存最完整的建筑之一。

外文名称:Mausoleum of Khoja Ahmed Yasawi

遗产类别:世界文化遗产

批准时间:2003

符合标准:(i)(iii)(iv)

吉尔吉斯斯坦

◉ **首都**:比什凯克

🤝 **伙伴关系**:战略伙伴关系(2013)

🏗 **"一带一路"项目**:比什凯克热电厂改造项目,吉尔吉斯斯坦共和国国家化肥厂。

◈ **世界文化遗产**:丝绸之路——起始段和天山廊道的路网(与中国、哈萨克斯坦共享),苏莱曼圣山,共2处。

丝绸之路——起始段和天山廊道的路网（与中国、哈萨克斯坦共享）

丝绸之路——起始段和天山廊道的路网在吉尔吉斯斯坦有 3 处丝绸之路遗产点，全部在楚河州，分别是：碎叶城（阿克·贝希姆遗址）、巴拉沙衮城（布拉纳遗址）、新城（科拉斯纳亚·瑞希卡遗址）。

以碎叶城（阿克·贝希姆遗址）为例，它是 7—10 世纪楚河谷的重要中心城镇，西突厥、突骑施汗国和葛逻禄汗国的首都，在中亚的政治历史中发挥了重要作用。曾是唐"安西四镇"之一，是唐朝的主要边境要塞之一。展现了与中亚西部和东突厥斯坦相同的建造和建筑技术。吉尔吉斯斯坦前总统阿卡耶夫也在纪念李白诞生 1300 周年活动上说："古老的丝绸之路将吉中两国和两国人民紧紧联系在一起，唐代大诗人李白出生在碎叶城，这给两国传统联系和友谊赋予了新的内涵。"

世界遗产委员会评价：丝绸之路是东西方之间的融合、交流和对话之路，近 2000 年以来为人类的共同繁荣做出了重要的贡献。天山廊道在丝绸之路交通与交流体系中具有突出的特点。它形成于公元前 2 世纪，兴盛于 6—14 世纪，沿用至 16 世纪，分布于今中国、哈萨克斯坦和吉尔吉斯斯坦境内。丝绸之路见证了公元前 2 世纪至公元 16 世纪期间，亚欧大陆经济、文化、社会发展之间的交流，尤其是游牧与定居文明之间的交流；它在长途贸易推动大型城镇和城市发展，利用水利管理系统支撑交通贸易等方面是一个出色的范例；它与张骞出使西域等重大历史事件直接相关，深刻反映出佛教、摩尼教、拜火教等宗教和城市规划思想等在古代中国和中亚等地区的传播。

外文名称：Silk Roads：the Routes Network of Chang'an-Tianshan Corridor

遗产类别：世界文化遗产

批准时间：2014

符合标准：（ii）（iii）（v）（vi）

苏莱曼圣山

苏莱曼圣山位于吉尔吉斯斯坦奥什州奥什市中心地带。奥什市早在 8

世纪就成为丝绸之路上一个丝绸生产和加工的中心,并因此闻名于世。

世界遗产委员会评价:苏莱曼圣山位于费尔干纳盆地,是奥什城的背景,位于中亚丝绸之路重要路线的十字路口。苏莱曼在超过一个半世纪的时间里一直是旅行者的指示灯,被尊为圣山。其5座山峰和山坡散布着无数古代朝圣之地和绘有岩石壁画的岩洞,以及2座16世纪建造的清真寺。目前,该地已经记录有101个充满岩石壁画的岩洞,洞内雕刻着人物、动物和几何图形。该地包括17个仍在使用的朝圣地,很多已不再使用。这些散布在山峰各处的朝圣地被朝圣者的脚印连接起来。这些朝圣之地被认为能够治愈不孕、头痛和背痛,并让人长命百岁。对这些山峰的崇敬混合了先伊斯兰教和伊斯兰教的信仰。该遗产被认为是中亚地区圣山的最完整象征,被崇拜了好几个世纪。

外文名称:Sulaiman-Too Sacred Mountain

遗产类别:世界文化遗产

批准时间:2009

符合标准:(iii)(vi)

塔吉克斯坦

◉ **首都**:杜尚别

🤝 **伙伴关系**:全面战略伙伴关系(2017)

🏗 **"一带一路"项目**:瓦赫达特—亚湾铁路,中塔工业园,新丝路农业纺织产业园,中塔农业产业加工园。

◎ **世界文化遗产**:萨拉子目古城的原型城市遗址,共1处。

萨拉子目古城的原型城市遗址

世界遗产委员会评价:萨拉子目,意指"大地开始的地方",是一处考古遗址,它的出现证明早在公元前 4000 年至公元前 3000 年,中亚地区就已经出现了定居人口。各种遗迹表明,这一地区很早以前就出现的初始城市化曾得到过迅速发展。作为古中亚地区的定居中心之一,它的地理位置为其发展提供了便利条件,一面是适于游牧民族发展畜牧业的平缓山区,另一面是广袤的山谷,以上条件为这一地区最初的定居者提供了发展农业,特别是发展灌溉的优势。萨拉子目古城还是中亚草原与土库曼斯坦、伊朗高原、印度河谷直至印度洋这些地区之间商贸往来与文化交流的见证。

外文名称:Proto-urban Site of Sarazm
遗产类别:世界文化遗产
批准时间:2010
符合标准:(ii)(iii)

乌兹别克斯坦

首都:塔什干

伙伴关系:全面战略伙伴关系(2016)

"一带一路"项目:中国—中亚天然气 D 线管道,安格连—帕普铁路卡姆奇克隧道项目,安格连燃煤火电厂,乌兹别克斯坦鹏盛工业园。

世界文化遗产:处在文化十字路口的撒马尔罕城,布哈拉历史中心,沙赫利苏伯兹历史中心,伊钦·卡拉内城,共 4 处。

处在文化十字路口的撒马尔罕城

撒马尔罕城位于今日乌兹别克斯坦首都塔什干附近,这里是当年中国通向印度、阿拉伯和欧洲的必经之地,因此四方商贾云集,各种文化互相交融,一派"国际都市"的景象。作为世界著名的古城之一,撒马尔罕与罗马、雅典、巴比伦同龄,有2500多年历史,在古阿拉伯文献中被称为"东方璀璨的明珠"。

兀鲁伯天文台由帖木儿帝国的创建人帖木儿之孙,乌兹别克斯坦著名天文学家、学者、诗人和哲学家,撒马尔罕的统治者兀鲁伯于1428—1429年建造,是中世纪时期具有世界影响的天文台之一。

世界遗产委员会评价:撒马尔罕历史名城是世界多元文化交汇的大熔炉,建于公元前7世纪,在14—15世纪的帖木儿王朝时期得到了重要发展。撒马尔罕拥有众多著名的古代建筑,如列吉斯坦伊斯兰教神学院、比比·哈内姆大清真寺、帖木儿家族陵墓和兀鲁伯天文台等。

外文名称:Samarkand-Crossroads of Cultures

遗产类别:世界文化遗产

批准时间:2001

符合标准:(i)(ii)(iv)

布哈拉历史中心

世界遗产委员会评价:丝绸之路上的布哈拉已有2000多年的历史。在中亚城市之中,它完好地保存了绝大多数建筑物,是中世纪城市的典范。其中著名的纪念物有伊斯梅尔·萨马尼的著名墓碑、10世纪穆斯林的建筑杰作及17世纪的一批建筑。

外文名称:Historic Centre of Bukhara

遗产类别:世界文化遗产

批准时间:1993

符合标准:(ii)(iv)(vi)

沙赫利苏伯兹历史中心

沙赫利苏伯兹历史中心是撒马尔罕统治者帖木儿（14—15世纪）的故乡，被公认为是独特的文化、建筑风格及建筑学流派的发源地。这种别具一格的文化后来普及至帖木儿王朝统治下的其他中世纪城市。

世界遗产委员会评价：沙赫利苏伯兹历史中心包含许多具有重要意义的古迹，这些古迹见证了该城世俗发展的过程，特别是沙赫利苏伯兹在公元15—16世纪阿米尔帖木儿和阿米尔帖木儿德斯统治时期达到巅峰的历史。

外文名称：Historic Centre of Shakhrisyabz

遗产类别：世界文化遗产

批准时间：2000

符合标准：(iii)(iv)

伊钦·卡拉内城

伊钦·卡拉内城自古以来就是东西文化交流要地。

世界遗产委员会评价：伊钦·卡拉内城是希瓦绿洲上的一座古老的内城，由10米高的砖墙保护着，它是进入伊朗的沙漠前商队的最后一个驿站。尽管只有很少的一些古老纪念性建筑保存在那里，但它依然是中亚保存完好的穆斯林建筑群中的典范，其中著名的建筑有德尤马清真寺、陵墓及19世纪初由阿拉-库里可汗修建的两座辉煌的宫殿。

外文名称：Itchan Kala

遗产类别：世界文化遗产

批准时间：1990

符合标准：(iii)(iv)(v)

土库曼斯坦

◎ **首都**：阿什哈巴德

🤝 **伙伴关系**：战略伙伴关系（2013）

🏗 **"一带一路"项目**：中国—中亚天然气 D 线管道，阿姆河天然气项目，"丝绸之路"生态文化万里行。

◈ **世界文化遗产**：梅尔夫历史与文化公园，尼莎帕提亚要塞，库尼亚-乌尔根奇，共 3 处。

梅 尔 夫 历 史 与 文 化 公 园

世界遗产委员会评价：梅尔夫是中亚地区丝绸之路沿线最古老、保存最完好的绿洲城市。这片宽阔的绿洲贯穿了 4000 年的人类历史，至今仍保留着许多纪念性建筑，尤其是过去 2000 年来的建筑。

外文名称：State Historical and Cultural Park "Ancient Merv"

遗产类别：世界文化遗产

批准时间：1999

符合标准：(ii)(iii)

尼 莎 帕 提 亚 要 塞

世界遗产委员会评价：尼莎帕提亚要塞由新旧两组台形遗址构成，展示了帕提亚王国最早和最重要的城市遗址。帕提亚王国是公元前 3 世纪中期至公元 3 世纪的大国。在近 2000 年的历史中，这里几乎从未遭到破坏，人们将古代文明的发掘遗址保存下来，并巧妙地将自身的传统文化元素和希腊及西罗马元素结合起来。对两处遗址进行的考古挖掘发现了装饰精美的建筑，展示了室内、城邦和宗教方面的功能。挖掘工作一直在皇家城堡内进行，皇家城堡现在被称为"老尼莎"。这处遗址还包括被称为"新尼莎"的古代城镇。老尼莎是占地 14 公顷的台形土墩，形状为不规则的五边形，四周是建有 40 多个矩形塔台的防御土墙，与各个墙角侧面相接的是坚固的棱堡。占地 25 公顷的新尼莎四周是高达 9 米的围墙，有 2 个入口。坐落在重要的商业和战略枢纽交叉路口的尼莎考古遗址，生动地展现了中亚和地中海地区与大国文化的互动，在过去充当东西方、南北方之间重要的通信和贸易中心的同时，阻挡了罗马的扩张。这一遗址见证了帕提亚王国的重要性、财富和文化。

外文名称：Parthian Fortresses of Nisa

遗产类别：世界文化遗产

批准时间：2007

符合标准：（ii）（iii）

库尼亚-乌尔根奇

库尼亚-乌尔根奇古称玉龙杰赤，是古代花剌子模王国的首都，丝绸之路在中亚地区的重要贸易都市之一。

世界遗产委员会评价：乌尔根奇是阿契美尼德帝国统治下可兰次姆地区的首都，古镇拥有一系列 11—16 世纪时期的纪念碑，包括一座清真寺、旅馆的门、堡垒、陵墓和一座尖塔。这些纪念碑展示了当时建筑和手工艺方面的卓越成就，对伊朗、阿富汗和 16 世纪印度的后期建筑产生了影响。

外文名称：Kunya-Urgench

遗产类别：世界文化遗产

批准时间：2005

符合标准：（ii）（iii）

南亚8国

巴基斯坦、阿富汗、尼泊尔、不丹、印度、
孟加拉、斯里兰卡、马尔代夫

巴基斯坦

◎ **首都**：伊斯兰堡

🤝 **伙伴关系**：全天候战略合作伙伴关系（2015）

🏗 **"一带一路"项目**：瓜达尔港建设与运营项目，卡拉奇核电项目，恰希玛核电项目，卡西姆港燃煤电站项目，喀喇昆仑公路二期改扩建工程（哈维连至塔科特段），卡拉奇—拉合尔高速公路（苏库尔至木尔坦段），巴基斯坦海尔-鲁巴经济区等。

◎ **世界文化遗产**：塔克希拉，塔克特依巴依佛教遗址和萨尔依巴赫洛古遗址，摩亨佐达罗考古遗迹，塔塔城的历史建筑，拉合尔古堡和夏利玛尔公园，罗赫达斯要塞，共 6 处。

塔 克 希 拉

塔克希拉位于巴基斯坦首都伊斯兰堡西北约 50 千米处，塔克希拉佛教遗址在塔克希拉以北 13 千米的萨尔达山丘上。这里是佛教造像发源地，2000 年前的佛教传播中心。唐玄奘描述当时的塔克希拉"地称沃壤，稼穑殷盛，泉流多，花果茂，气序和畅，崇敬三宝"。

世界遗产委员会评价：从锡尔凯波（公元前 200 年）到锡尔孙凯的防御工事的特点可以从远古的新石器时代瑟赖盖拉的坟墓中看出。从 1 世纪起，塔克希拉就是印度河畔的一座城市。从公元前 5 世纪到公元 2 世纪，波斯、希腊和中亚交替对其产生影响，使其逐渐成为佛教中心。

外文名称：Taxila

遗产类别：世界文化遗产

批准时间：1980

符合标准：(iii)(vi)

塔克特依巴依佛教遗址和萨尔依巴赫洛古遗址

世界遗产委员会评价：塔克特依巴依（王位的起源）的佛教寺庙建筑群是于 1 世纪早期修建的，由于它坐落在高山的顶端，所以躲开了一次又一次的侵略，至今仍然保存完好。附近有萨尔依巴赫洛古遗址。萨尔依巴赫洛是同一时期的一座防备森严的小城。

外文名称：Buddhist Ruins of Takht-i-Bahi and Neighbouring City Remains at Sahr-i-Bahlol

遗产类别：世界文化遗产

批准时间：1980

符合标准：(iv)

摩亨佐达罗考古遗迹

世界遗产委员会评价：这座规模宏大的城市坐落在印度河河谷中，它建于公元前 3000 年，建筑材料完全是毛坯砖。此地包括一座卫城，建在巨大的路基上，周围建有壁垒。这座低矮的城市遵循着严格的标准，从这些遗迹中我们可以看出早期城市规划的雏形。

外文名称：Archaeological Ruins at Moenjodaro

遗产类别：世界文化遗产

批准时间：1980

符合标准：(ii)(iii)

塔塔城的历史建筑

世界遗产委员会评价：塔塔城连续被三个王朝选作国都，后来由攻占德里的莫卧儿国王统治。从 14 世纪到 18 世纪，塔塔城一直在整修。这座城市的遗迹和公共墓地是信德省文化中独特的景观。

外文名称：Historical Monuments at Makli，Thatta

遗产类别：世界文化遗产

批准时间：1981

符合标准：(iii)

拉合尔古堡和夏利玛尔公园

拉合尔古堡位于巴基斯坦东部文化名城拉合尔，因斑斓璀璨的莫卧儿建筑艺术神韵而被誉为"巴基斯坦的心灵"。这是莫卧儿王朝的建筑瑰宝，始建于1021年。夏利玛尔公园，是世界上最罕见的花园之一，堪称莫卧儿王朝强盛国力的完美体现，是300多年前由莫卧儿王沙贾汗皇帝于1642年下令修建的。

世界遗产委员会评价：辉煌的莫卧儿文化中有两个典范在沙贾汗皇帝统治时期达到顶峰——建有宫殿的要塞和用马赛克、镀金饰品装饰起来的清真寺。在拉合尔城附近的园林都建在三层平台上，带小屋、瀑布和巨大的装饰水池，这些园林的优雅和美丽简直无与伦比。

外文名称：Fort and Shalamar Gardens in Lahore

遗产类别：世界文化遗产

批准时间：1981

符合标准：(i)(ii)(iii)

其他信息：濒危2000

罗赫达斯要塞

世界遗产委员会评价：谢尔沙阿-苏里在1541年打败了莫卧儿皇帝胡马雍之后，在罗赫达斯建立了一座防守森严的城堡。罗赫达斯位于今天的巴基斯坦北部，是一个战略要地。这个地方从未被风暴袭击过，因而城堡完整地保留到了今天。这座城堡的主要防御工事由超过4千米长的厚厚的城墙组成，与棱堡相连，并建有宏伟的城门。罗赫达斯要塞，又名为奇拉·赫达斯，是中亚和南亚地区穆斯林早期军事建筑中的一个特别的例子。

外文名称：Rohtas Fort

遗产类别：世界文化遗产

批准时间：1997

符合标准：(ii)(iv)

阿富汗

◎ **首都**：喀布尔

🤝 **伙伴关系**：战略合作伙伴关系(2012)

🏗 **"一带一路"项目**：迈巴公路，帕尔万水利灌溉工程。

◎ **世界文化遗产**：巴米扬山谷的文化景观和考古遗迹，查姆回教寺院尖塔和考古遗址，共 2 处。

巴米扬山谷的文化景观和考古遗迹

巴米扬处在丝绸之路沿线，是商队往来欧洲、波斯、中国和印度的必经之地，当地曾有数所佛教寺院，是宗教、哲学、希腊式佛教艺术中心。4 世纪和 7 世纪，中国晋代高僧法显和唐代高僧玄奘曾先后到过这里，并在各自的著作《佛国记》和《大唐西域记》中对巴米扬大佛做了生动描述。巴米扬山谷因丰富的佛教洞窟遗址及洞中高达 53 米的石雕佛像而与中国的敦煌石窟、印度的阿旃陀石窟共同被列为佛教艺术最珍贵的遗产地。

世界遗产委员会评价：巴米扬山谷的文化景观和考古遗址向世人展示了从 1 世纪至 13 世纪期间以古代巴克特里亚文化为特征的艺术和宗教发展。正是在这一发展过程中，佛教艺术的干达拉流派兼收并蓄了各种文化影响。

这一地区汇集了大量的佛教寺院、庙宇，以及伊斯兰教时期的防御建筑。此遗址同时也见证了塔利班政权无情摧毁两尊立佛的暴行。这一事件在 2001 年 3 月曾震惊世界。

外文名称：Cultural Landscape and Archaeological Remains of the Bamiyan Valley

遗产类别：世界文化遗产

批准时间：2003

符合标准：(i)(ii)(iii)(iv)(vi)

其他信息：濒危 2003

尼泊尔

首都：加德满都

伙伴关系：全面合作伙伴关系(2009)

"一带一路"项目：西赛提水电站项目。

世界文化遗产：佛祖诞生地兰毗尼，加德满都谷地，共 2 处。

佛 祖 诞 生 地 兰 毗 尼

635 年，唐玄奘前往印度取经，曾专程至兰毗尼朝拜。后来正是根据玄奘《大唐西域记》记载的"有大石柱，上作马像，无忧王（即阿育王）之所建也。后为恶龙霹雳，其柱中折仆地"，考古学家才在 1895 年发掘出被霹雳击倒埋于地下的阿育王石碑，找到了释迦牟尼的诞生地。

世界遗产委员会评价：释迦牟尼于公元前 623 年诞生于兰毗尼一座著名的花园，后来该处就成了朝圣之地。印度的阿育王也是朝拜者之一，并在此建立了一个释迦牟尼的纪念碑。这里现在已逐渐成为佛教徒的朝圣中心,以考古遗迹和佛祖诞生地为主要特色。

外文名称:Lumbini, the Birthplace of the Lord Buddha

遗产类别:世界文化遗产

批准时间:1997

符合标准:(iii)(vi)

加 德 满 都 谷 地

尼泊尔流传着一个古老的传说,远古时代加德满都河谷是一个巨大的龙潭湖,人们为了生存,只得栖居在河谷两旁的高山上,行走十分不便。有一天,文殊菩萨路经这里,得知百姓疾苦,于是挥起宝剑劈开一座大山,形成了一个巨大的峡口,湖水沿峡谷倾泻而出,形成了一个富饶的谷地。百姓欢天喜地,来到谷地,修建房屋,定居下来,形成城市,这便是加德满都。人们感激文殊菩萨的恩德,便在斯瓦杨布山上修建了一座文殊菩萨庙。直到现在,每年2月的春工节,许多当地百姓仍会满怀虔诚的心情,来到文殊菩萨庙,敬献香火,顶礼膜拜。

加德满都是尼泊尔首都,位于加德满都河谷西北部,巴格马提河和比兴马提河交汇处,四周群山环抱,到处苍松翠柏,阳光灿烂,四季如春,素有"山中天堂"的美誉。加德满都是一座拥有1000多年历史的古老城市,它以精美的建筑艺术、木石雕刻而成为尼泊尔古代文化的象征。尼泊尔历代王朝在这里修建了数目众多的宫殿、庙宇、宝塔、殿堂和寺院等建筑,在面积不到7平方千米的市中心有佛塔、庙宇250多座,全市有大小寺庙2700多座,因此,有人把这座城市称为"寺庙之城"。

世界遗产委员会评价:在伟大的亚洲文化的交汇点,加德满都、帕坦和巴德冈建有7座佛教和印度教的纪念馆,还有3处王室的宫殿和住宅区,这些足以证明尼泊尔人的艺术水平很高。在130座纪念馆中包括朝圣中心、寺庙、圣祠、洗浴场所和公园——所有这些朝圣之地都由宗教团体建成。

外文名称:Kathmandu Valley

遗产类别:世界文化遗产

批准时间:1979

符合标准:(ⅲ)(ⅳ)(ⅵ)

不　丹

◎ 首都:廷布

印　度

◎ 首都:新德里

🤝 **伙伴关系**:面向和平繁荣的战略合作伙伴关系(2005)

◎ **世界文化遗产**:菩提伽耶的摩诃菩提寺,印度那烂陀大寺遗址,泰姬陵,简塔·曼塔天文台,果阿的教堂和修道院,阿格拉古堡,阿旃陀石窟群,埃洛拉石窟群,默哈伯利布勒姆古迹群,科纳拉克太阳神庙,法塔赫布尔西格里,汉皮古迹群,卡杰拉霍建筑群,埃勒凡塔石窟(象岛石窟),帕塔达卡尔建筑群,朱罗王朝现存的神庙,桑吉佛教古迹,德里的顾特卜塔及其古建筑,德里的胡马雍陵,印度山区铁路,温迪亚山脉的比莫贝卡特石,尚庞-巴瓦加德考古公园,贾特拉帕蒂·希瓦吉终点站(前维多利亚终点站),德里红堡群,拉贾斯坦邦的高地城堡,古吉拉特邦帕坦县的皇后阶梯井,柯布西耶建筑作品(7 国共享),干城章嘉峰国家公园,艾哈迈达巴德历史城区,共 29 处。

菩提伽耶的摩诃菩提寺

　　玄奘的《大唐西域记》记载，摩诃菩提寺建于 3 世纪。直到 14 世纪，缅甸国王出资在此遗址上重建，不多久这座寺庙又遭严重的洪水，随洪水而来的大量泥沙将它埋在沙土中长达数百年。19 世纪 70 年代，缅甸佛教徒在当时孟加拉国政府的协助下，终将摩诃菩提寺庙修复，寺庙的外貌在 19 世纪时由英国考古调查队再次整修，从此这座雄伟大寺得以重见天日。

　　寺西侧是著名的大菩提树，树下有一金刚座，周围有中国、日本、缅甸、泰国、斯里兰卡等国佛教组织和僧人修建的寺院。近代曾在此发现五方北宋前期的汉文碑刻，现存于加尔各答博物馆。

　　世界遗产委员会评价：菩提伽耶的摩诃菩提寺，是与佛祖生前生活紧密联系的四个圣地之一，尤其值得一提的是，这里是佛祖得道的地方。寺庙最早是由阿育王于公元前 3 世纪建造的，现存的寺庙历史可以追溯到 5—6 世纪。菩提伽耶的摩诃菩提寺是笈多王朝后期以来印度现存最早的全部为砖石结构的佛教寺庙之一。

　　外文名称：Mahabodhi Temple Complex at Bodh Gaya

　　遗产类别：世界文化遗产

　　批准时间：2002

　　符合标准：(i)(ii)(iii)(iv)(vi)

印度那烂陀大寺遗址

　　那烂陀大寺是古代印度佛教的最高学府，始建于 5 世纪，位于古摩揭陀国王舍城附近。那烂陀大寺规模宏大，曾有多达 900 万卷的藏书，最盛时有万余僧人学者聚集于此，玄奘法师在此从戒贤法师学习 5 年，义净法师在此从宝师子学习 10 年。玄奘法师《大唐西域记》和义净法师《大唐西域求法高僧传》对那烂陀大寺都有记载。

　　世界遗产委员会评价：遗址由公元前 3 世纪至公元 13 世纪存在于此的寺庙和佛学院遗留下的古迹组成，包括窣堵坡（坟冢）、舍利塔、寺庙，以及重要的墙画、石刻、金属器物等艺术作品。那烂陀作为印度次大陆上最古老的大学而引人注目,其作为有序的知识传递场所存续长达 800 年,它的发展历史见证了佛学宗教化的过程,以及寺院和教育传统的繁荣。

外文名称:Archaeological Site of Nalanda Mahavihara (Nalanda University) at Nalanda,Bihar

遗产类别:世界文化遗产

批准时间:2016

符合标准:(iv)(vi)

泰 姬 陵

世界遗产委员会评价:泰姬陵是一座由白色大理石建成的巨大陵墓清真寺,是莫卧儿皇帝沙贾汗(Shah Jahan)为纪念他心爱的妃子于 1631—1648 年在阿格拉修建的。泰姬陵是印度穆斯林艺术的瑰宝奇葩,是世界遗产中令世人赞叹的经典杰作之一。

外文名称:Taj Mahal

遗产类别:世界文化遗产

批准时间:1983

符合标准:(i)

简 塔 · 曼 塔 天 文 台

世界遗产委员会评价:印度斋浦尔的简塔·曼塔天文台建成于 18 世纪初,建筑为砖石结构。天文台内建有一组由 20 多个主要固定装置构成的观测设备。它们是已知观测装置中的不朽杰作,并在许多方面有着自身的特点。简塔·曼塔天文台是为用肉眼进行天文观测而设计的,其建筑和装置都采用了不少创新设计。它是印度最重要、最全面,保存也最完好的古天文台,展现了印度莫卧儿时代末期对宇宙的认知及探究天文学的能力。

外文名称:The Jantar Mantar,Jaipur

遗产类别:世界文化遗产

批准时间：2010

符合标准：(iii)(iv)

孟加拉

◎ **首都**：达卡

🤝 **伙伴关系**：战略合作伙伴关系(2016)

🏗 **"一带一路"项目**：帕德玛大桥及河道疏浚项目，阿斯玛特·阿里汗桥（中孟友谊七桥）。

🔯 **世界文化遗产**：帕哈尔普尔的佛教毗诃罗遗址，巴凯尔哈特清真寺历史名城，共 2 处。

帕哈尔普尔的佛教毗诃罗遗址

世界遗产委员会评价：这个遗址又称作大寺院（Somapura Mahavira），是 7 世纪大乘佛教在孟加拉兴起的见证，一直到 12 世纪以前都是著名的文化中心。这座寺院的设计完美地满足了举行宗教仪式的需要，体现出非凡卓绝的艺术成就。寺院简单和谐的线条，加上大量的雕刻装饰，对佛教建筑发展有着深远影响，影响力甚至远及柬埔寨。

外文名称：Ruins of the Buddhist Vihara at Paharpur

遗产类别：世界文化遗产

批准时间：1985

符合标准：(i)(ii)(vi)

斯里兰卡

◎ **首都**：科伦坡

🤝 **伙伴关系**：战略合作伙伴关系（2013）

🏗 **"一带一路"项目**：汉班托塔港，科伦坡港口城，斯里兰卡医院。

◈ **世界文化遗产**：阿努拉德普勒圣城，康提圣城，丹布勒金寺，锡吉里亚古城，波隆纳鲁沃古城，加勒老城及其堡垒，共6处。

阿努拉德普勒圣城

阿努拉德普勒是斯里兰卡最早的国都，更是南亚佛教中心之一。阿努拉德普勒城里的菩提树拥有2600多年历史，是斯里兰卡仅次于佛牙舍利的国宝。

世界遗产委员会评价：公元前3世纪，斯里兰卡佛教尼姑会的创始人桑哈米塔把一枝从佛教"启蒙树"无花果树上剪下的枝条带到锡兰（今斯里兰卡），以这枝无花果枝条为中心，人们建起了阿努拉德普勒圣城。阿努拉德普勒圣城曾是锡兰的政治和宗教中心，有1300多年的辉煌历史。993年时，因遭遇外敌入侵，这座圣城被人们遗弃。在茂密的丛林中隐藏了许多年后，这座古圣城的遗址重新被人们发现，她那恢宏的宫殿、轩昂的庙宇向世人展示着阿努拉德普勒圣城曾经的辉煌。

外文名称：Sacred City of Anuradhapura

遗产类别：世界文化遗产

批准时间：1982

符合标准：(ii)(iii)(vi)

康提圣城

317年,南印度羯陵伽国国王战败,于是遣公主将佛牙舍利藏在发髻中送给他的好友斯里兰卡国王。从此,斯里兰卡历代国王视其为镇国之宝和王权的象征,建寺(或塔)供奉。1592年,斯里兰卡定都康提,康提从此成为王宫和佛牙寺的所在地。

世界遗产委员会评价:康提古城是一个闻名遐迩的佛教圣地,这里曾是孕育了长达2500多年斯里兰卡文化的辛哈拉王朝末期时的首府。1815年时,由于英国人的入侵,辛哈拉王朝灭亡。康提古城的佛牙寺里收存着佛祖的圣牙,是著名的佛教朝圣圣地。

外文名称:Sacred City of Kandy

遗产类别:世界文化遗产

批准时间:1988

符合标准:(iv)(vi)

丹布勒金寺

世界遗产委员会评价:丹布勒金寺是一个拥有2200年历史的朝圣圣地。丹布勒金寺里有五大圣堂,是斯里兰卡最大、保存最完整的洞穴庙宇群。这里珍藏着面积达2100平方米的壁画和157尊雕像,极为珍贵。

外文名称:Golden Temple of Dambulla

遗产类别:世界文化遗产

批准时间:1991

符合标准:(i)(vi)

锡吉里亚古城

世界遗产委员会评价:锡吉里亚古城在斯里兰卡首都科伦坡东北约170千米处,位于高约200米的"狮子岩"上,以锡吉里亚壁画闻名于世。锡吉里亚壁画是斯里兰卡历史上唯一流传下来的非宗教题材壁画。

    外文名称：Ancient City of Sigiriya

    遗产类别：世界文化遗产

    批准时间：1982

    符合标准：(ii)(iii)(iv)

波隆纳鲁沃古城

    世界遗产委员会评价：933年，波隆纳鲁沃城成为斯里兰卡的首府所在地。在波隆纳鲁沃古城里，不仅有考拉斯时期的婆罗门教遗址，还能看到帕拉克拉马一世在12世纪时修建的神话般的花园城市的遗迹。

    外文名称：Ancient City of Polonnaruwa

    遗产类别：世界文化遗产

    批准时间：1982

    符合标准：(i)(iii)(vi)

加勒老城及其堡垒

    世界遗产委员会评价：加勒老城始建于16世纪，由葡萄牙人所建，在18世纪时达到鼎盛，在英国人入侵之后，开始逐渐衰败。加勒老城由南欧人和东南亚人共同修建，是一个融合了欧洲和南亚传统建筑风格的典型堡垒城市。

    外文名称：Old Town of Galle and its Fortifications

    遗产类别：世界文化遗产

    批准时间：1988

    符合标准：(iv)

马尔代夫

◎ **首都**：马累

🤝 **伙伴关系**：面向未来的全面友好合作伙伴关系（2014）

🏗 **"一带一路"项目**：中马友谊大桥，易卜拉欣·纳西尔国际机场改造项目。

西亚16国

伊朗、伊拉克、叙利亚、沙特阿拉伯、卡塔尔、约旦、巴勒斯坦、以色列、黎巴嫩、也门、阿曼、阿拉伯联合酋长国、科威特、巴林、塞浦路斯、土耳其

伊　朗

首都：德黑兰

伙伴关系：全面战略伙伴关系（2016）

"一带一路"项目：德黑兰地铁，北阿油田，雅达油田，阿巴丹炼厂，布什尔石化，德伊高速铁路，德马铁路电气化升级改造项目，奇瑞汽车产业园区，鲁德巴、羌姆溪水电项目，等等。

世界文化遗产：大不里士的集市区，苏萨，比索顿古迹，波斯园林，波斯波利斯，帕萨尔加德，巴姆城堡及其文化景观，舒什塔尔的古代水利系统，波斯坎儿井，塔赫特苏莱曼，伊斯法罕的聚礼清真寺，伊斯法罕王侯广场，戈勒斯坦宫，梅德满文化景观，沙赫里索克塔，卡布斯拱北塔，阿尔达比勒市的谢赫萨菲·丁圣殿与哈内加建筑群，伊朗的亚美尼亚庙宇群，苏丹尼叶城，恰高·占比尔，亚兹德历史城区，共 21 处。

大 不 里 士 的 集 市 区

大不里士的集市区是中东地区最古老的集贸市场和世界上货物涵盖面最大的集市之一，更是丝绸之路上最重要的贸易中心之一。

世界遗产委员会评价：自古以来，大不里士就是文化交流之地，城中的历史集市区更是丝绸之路上最重要的贸易中心之一。它由一系列相互连接、顶部覆盖、砖石结构的建筑及功能各异的封闭空间组成。13 世纪时，位于东阿塞拜疆省的大不里士及其集市就因繁盛一时而闻名于世，并成为萨法维王国的首都。尽管从 16 世纪起，这座城市已不再是首都，但它却将商业中心的地位一直保持到 18 世纪后期奥斯曼帝国崛起之时。大不里士的集市区是伊朗传统商业与文化体系保存最完整的实例之一。

外文名称：Tabriz Historic Bazaar Complex

遗产类别：世界文化遗产

批准时间：2010

符合标准：(ii)(iii)(iv)

苏　萨

苏萨城位于伊朗西南部的胡齐斯坦省，底格里斯河以东 240 千米处，已有 8000 多年的历史，是古代埃兰王国、波斯帝国、帕提亚帝国的重要都城。1901 年，著名的《汉谟拉比法典》（现存于法国罗浮宫）在此出土。

世界遗产委员会评价：这片遗址位于伊朗西南扎格罗斯山脉南部，包括迪兹富尔河东岸的一片考古丘地和河对岸的大流士王宫殿，出土的建筑遗迹包括管理机构、住宅和宫殿等建筑物，还包括公元前 5 世纪晚期至公元 13 世纪的数层叠加的城市遗迹。这处遗址是大部分已经消失了的埃兰人、波斯人和帕提亚人的文化传统的特殊见证。

外文名称：Susa

遗产类别：世界文化遗产

批准时间：2015

符合标准：(i)(ii)(iii)(iv)

比索顿古迹

世界遗产委员会评价：比索顿位于连接伊朗高原和美索不达米亚的古商路上，拥有从史前时期到米堤亚（Median）、阿契美尼德（Achaemenid）、萨桑（Sassanian）、伊卡哈尼德（Ilkhanid）时代的遗迹。这一处考古遗迹中最主要的纪念物就是公元前 521 年大流士一世（Darius I）为纪念其执掌波斯王朝而下令建造的有浅浮雕和楔形文字铭文的纪念碑。大流士一世的浅浮雕雕像展现出统治者的姿态——手持弓箭，脚踏仰卧在他面前的一个人的胸部。传说那个被大流士一世踩在脚下的人叫高墨达（Gaumata），是一个米堤亚巫师。他觊觎王位而行刺大流士一世却使大流士一世掌握了权力。在浅浮雕下面和四周有 1200 行铭文，记载了公元前 521 年至公元前 520 年大流士一世与那些试图分裂帝国（由塞勒斯建立）的各统治者交战的历史。铭文用三种文字写成。最古老的是埃兰语文本，讲述了关于国王和反叛者的传说。其后是巴比伦语版的类似传说。铭文的最后一部分非常重要，这是大流士一世第一次用古波斯语言记录他的丰功伟绩，也是已发现的唯一一份能够证明大流士一世重建了帝国的重要阿契美尼德文本。它还体现了波斯帝国地区在纪念性艺术与文学发展方面的相互影响。这里还有米堤亚（公元前 8 世纪—公元前 7 世纪）、阿契美尼德（公元前 6 世纪—公元前 4 世纪）及后阿契美尼德时期的遗迹。

外文名称：Bisotun

遗产类别：世界文化遗产

批准时间：2006

符合标准：(ii)(iii)

波 斯 园 林

波斯园林这一遗产共包括 9 座来自伊朗不同省份的花园，分别是帕萨尔加德古代花园、伊斯法罕的四十柱花园、卡尚的菲恩花园、设拉子的天堂花园、马汉的王子花园、亚兹德的杜拉特阿巴德花园、马赞德兰的阿巴斯阿巴德花园、南呼罗珊的阿克巴里耶花园及帕赫鲁普尔花园。除了古代埃及、美索不达米亚地区的建筑传统之外，《旧约·创世记》中的伊甸园、古代波斯的拜火教和历史传说、伊斯兰教的文化，都为构建波斯园林提供了灵感和源泉。《一千零一夜》中有大量关于波斯园林的描写。

世界遗产委员会评价：波斯园林这一文化遗产由分布在 9 个省份的 9 座园林共同组成。它们一方面体现了自公元前 6 世纪居鲁士大帝时期以来形成的波斯园林设计原则，另一方面也展现了波斯园林为适应各种气候条件而发展出来的多样风格。波斯园林的主要设计理念突出了伊甸园及琐罗亚斯德教四大元素——天空、水、大地、植物的象征意象，所有园林都分为 4 个部分，并且水在园林的灌溉与装饰中发挥了重要的作用。这 9 座园林分别建设于不同时期,最早的可以追溯到公元前 6 世纪。楼台、亭榭、墙垣及精密的水流灌溉系统是波斯园林的重要特征。波斯园林对印度及西班牙园林艺术都产生了影响。

外文名称:The Persian Garden

遗产类别:世界文化遗产

批准时间:2011

符合标准:(i)(ii)(iii)(iv)(vi)

波 斯 波 利 斯

波斯波利斯的大部分建筑是大流士一世的儿子薛西斯在其统治时期(公元前 485 年—公元前 465 年)增建的。中央大厅、百柱大厅、大流士一世寝宫、薛西斯寝宫、后宫、国库、营房等各个部分连成一个封闭的整体,曾是世界上规模最大、最雄伟壮丽的整体封闭式石头宫殿。它是体现当时人类创造力的杰作,是波斯帝国时期文化非同寻常的例证。通往中央大厅的阶梯侧面的石墙上有数组精美绝伦的浮雕,展现了索格底(粟特)、坎大哈、印度、埃及、希腊、小亚细亚、腓尼基、巴比伦、阿拉伯等 23 个国家或城邦的使臣向号称"全部大陆的君主"的大流士一世进贡的情景。

世界遗产委员会评价:波斯波利斯是古代阿契美尼德帝国的首都,兴建于公元前 518 年。在美索不达米亚诸都城的启发下,大流士一世在一块无垠的半人工半天然台地上修建了一座拥有众多宫殿的建筑群。波斯波利斯古城遗址提供了许多关于古代波斯文明的珍贵资料,具有重要的考古价值。

外文名称:Persepolis

遗产类别:世界文化遗产

批准时间:1979

符合标准:(i)(iii)(vi)

帕 萨 尔 加 德

世界遗产委员会评价:帕萨尔加德是阿契美尼德帝国第一个朝代的首

都,由居鲁士二世(Cyrus Ⅱ)于公元前 6 世纪在波斯人的土地上建造而成。它的宫殿、花园和赛勒斯的陵墓都突出反映了皇家艺术和建筑特色,以及波斯人的文明程度。160 公顷的遗址包括:居鲁士二世的陵墓、防御看台塔勒塔克、皇家门楼建筑、谒见厅、寝宫和花园。帕萨尔加德是西亚第一个多文化帝国——阿契美尼德帝国的首都,其疆域从地中海东部、埃及延伸到印度河地区,被认为是第一个尊重其子民文化多样性的帝国。从阿契美尼德的建筑中可反映出其对不同文化的融会贯通。

外文名称:Pasargadae

遗产类别:世界文化遗产

批准时间:2004

符合标准:(i)(ii)(iii)(iv)

巴 姆 城 堡 及 其 文 化 景 观

巴姆城堡是全球最大的土坯建筑群,这个坐落在丝绸之路上的巨大城堡中的著名商品有丝绸和棉衣。

世界遗产委员会评价:巴姆地处伊朗高原东南边缘的沙漠环境中。它的起源可以追溯到波斯阿契美尼德王朝(公元前 6 世纪—公元前 4 世纪)。巴姆古城地处重要的贸易路线十字路口,以生产丝绸和棉制服装而闻名于世,7—11 世纪时达到鼎盛。沙漠绿洲中生命的存在依赖地下灌溉渠,对此,巴姆古城的发展可以作为伊朗最早使用地下灌溉渠的证据。巴姆城堡是使用本地的泥土技术修建中世纪要塞城镇的代表性范例。

外文名称:Bam and its Cultural Landscape

遗产类别:世界文化遗产

批准时间:2004

符合标准:(ii)(iii)(iv)(v)

其他信息:濒危 2004

舒什塔尔的古代水利系统

世界遗产委员会评价：舒什塔尔的古代水利系统位于伊朗西部的胡齐斯坦省，是一个天才之作，历史可追溯到大流士一世所在的公元前5世纪。舒什塔尔的古代水利系统在土木工程结构及多样性用途（城市供水、磨坊、灌溉、内河运输、防御系统）方面出类拔萃，是早期依拉密特人与美索不达米亚人专有技术的结合。

该系统包括克鲁恩河上的两条主引水渠，其中一条名为伽格大运河，目前仍在使用，通过一系列向磨坊供水的地道向舒什塔尔市供水。该系统通过一道高耸的崖壁使水流倾泻而下进入盆地，随后进入位于该市南部的平原，那里有着超过4万公顷的果园和农场，被称为天堂之地（Mianab）。该遗产包括许多名胜，如整个水利系统的运作中心、水平面测量塔、大坝、桥梁、盆地和磨坊。该遗址见证了依拉密特人和美索不达米亚人的聪明才智，以及近期的纳巴泰专家和罗马建筑的影响。

外文名称：Shushtar Historical Hydraulic System

遗产类别：世界文化遗产

批准时间：2009

符合标准：(i)(ii)(v)

波斯坎儿井

世界遗产委员会评价：在伊朗干旱的地区，坎儿井这一古老水利系统的支持使得农业生产和人类定居成为可能。坎儿井利用重力，将上游河谷的水通过长达数千米的地下暗渠引到下游。构成这个水利系统的不仅有组成这一遗产地的11条坎儿井，还有工人休息区、小水库及水磨坊。时至今日仍在实行的传统管理方式，使当地得以可持续地平均分配和共享水源。坎儿井是干旱气候下沙漠地带传统文化和文明的独特证明。

外文名称：The Persian Qanat

遗产类别：世界文化遗产

批准时间:2016

符合标准:(iii)(iv)

塔 赫 特 苏 莱 曼

塔赫特苏莱曼是萨珊王朝最伟大的标志性建筑之一。萨珊王朝统治时期古波斯文化发展至巅峰状态,影响力遍及各地,对欧洲及亚洲中世纪艺术的形成起了显著的作用。琐罗亚斯德教是古代波斯帝国的国教,是基督教诞生之前西亚最有影响的宗教,曾被伊斯兰教徒称为"拜火教"。

世界遗产委员会评价:塔赫特苏莱曼考古遗址在伊朗的西北部,坐落于一个火山地区的山谷中。该遗址包括了琐罗亚斯德教避难所的主要部分、伊卡哈尼德(蒙古)13世纪重建地区的一部分,以及萨珊时代(6—7世纪)一些属于阿纳海塔的庙宇,具有十分重要的象征意义。其中火庙宫殿的设计和其总体布局都对伊斯兰教建筑的发展产生了深远影响。

外文名称:Takht-e Soleyman

遗产类别:世界文化遗产

入选时间:2003

符合标准:(i)(ii)(iii)(iv)(vi)

伊 斯 法 罕 的 聚 礼 清 真 寺

世界遗产委员会评价:聚礼清真寺位于伊斯法罕历史城区。它可以看作从841年以来,清真寺在1200多年发展中一个令人叹为观止的典范。它是伊朗保存下来的最古老的清真寺,也是整个中亚地区清真寺设计的原型。这处建筑群占地2万平方米,是萨珊王朝第一处按照宗教需要来调整建设的四院落布局的伊斯兰建筑。其创新的双层带肋圆顶建筑形式,为整个地区的建筑设计带来了灵感。该遗产还有一个显著特点,就是其极具风格的装饰细节是1000多年伊斯兰艺术风格发展的代表。

外文名称:Masjed-e Jāmé of Isfahan

遗产类别:世界文化遗产

批准时间：2012

符合标准：(ii)

伊斯法罕王侯广场

伊斯法罕王侯广场在伊斯兰城市规划方面一反传统做法，以其设计独特、用途广泛和装饰华丽而独树一帜，达到了伊朗萨非王朝建筑华丽的顶峰。伊斯法罕作为丝绸之路的南路要站，各种商品琳琅满目，所以民间有"伊斯法罕半天下"的美称。

世界遗产委员会评价：伊斯法罕王侯广场由阿拔斯一世大帝（Shah Abbas Ⅰ the Great）建于17世纪初，广场四边是纪念碑建筑，与一组两层的拱廊相连。该遗址以它的皇家清真寺、希克斯罗图福拉清真寺、盖塞尔伊耶希华丽的门廊和15世纪的提姆瑞德宫而闻名。所有这些都反映了萨非王朝时期波斯的社会文化生活。

外文名称：Meidan Emam, Esfahan

遗产类别：世界文化遗产

批准时间：1979

符合标准：(i)(v)(vi)

戈勒斯坦宫

世界遗产委员会评价：戈勒斯坦豪华的宫殿是一部卡扎尔时代的杰作，是早期波斯工艺与西方建筑风格的成功整合。壁宫是德黑兰最古老建筑群之一，成为在1779年上台并定都德黑兰的卡扎尔家庭的执政府所在地。花园内部的水池周围被设计为园艺区，其最为典型的建筑特征和装饰始于19世纪。它成为卡扎尔时代的一个艺术和建筑中心，直至今日依然是伊朗艺术家和建筑师灵感的源泉。它代表了一种结合传统波斯艺术和手工艺及18世纪建筑和技术元素的新风格。

外文名称：Golestan Palace

遗产类别：世界文化遗产

批准时间：2013

符合标准：(i)(ii)(iii)(iv)

伊拉克

◎ **首都**：巴格达

🤝 **伙伴关系**：战略伙伴关系(2015)

🏗 **"一带一路"项目**：伊拉克华事德电站。

◉ **世界文化遗产**：埃尔比勒城堡，亚述古城，哈特拉，萨迈拉古城，伊拉克南部艾赫沃尔——生态多样性避难所和美索不达米亚城市遗迹景观，共5处。

埃尔比勒城堡

埃尔比勒是世界上最古老的持续有人居住的小镇，最早可追溯至6000年前。中世纪时埃尔比勒是巴格达和摩苏尔间的一个重要贸易中心，现在是伊拉克北部库尔德斯坦地区的首府。

世界遗产委员会评价：埃尔比勒城堡是卵形宏伟山冈上的一个防御型定居地（由数个世代居住在相同地点的人所建造的山丘），位于埃尔比勒省库尔德斯坦地区。一道高耸挺立了19个世纪的外墙仍传达出铜墙铁壁的视觉印象，雄踞埃尔比勒城。此城堡的特点是呈一种奇特的扇形图案，城堡最早可追溯至6000年前。书面及影像的历史记录刻画出此定居遗址的古老——埃尔比勒对应于古阿贝拉，即亚述人的重要政治宗教中心——考古调查与发现则暗示土墩隐藏了先前定居的人的层层遗迹。

外文名称：Erbil Citadel

遗产类别：世界文化遗产

批准时间：2014

符合标准：(iv)

亚 述 古 城

世界遗产委员会评价：亚述古城位于美索不达米亚北部底格里斯河的特殊地带上，处于雨水灌溉农业和人工灌溉农业的交界处，其历史可以追溯到公元前3000年。公元前14世纪到公元前9世纪，亚述古城是城市国家亚述帝国的第一个都城，是重要的国际贸易平台。古城同时也是帝国的宗教都城，与阿舒尔神紧密相连。亚述古城最后被巴比伦人摧毁，但在1世纪和2世纪帕提亚时代经历过短暂的复兴。

外文名称：Ashur（Qal'at Sherqat）

遗产类别：世界文化遗产

批准时间：2003

符合标准：(iii)(iv)

其他信息：濒危2003

哈 特 拉

哈特拉由古代塞琉古帝国在公元前3世纪左右建立，是一个宗教和贸易中心，后来成为萨珊王朝和阿拉伯帝国的首府。当地居民崇奉太阳神，因此哈特拉城也曾被称为"太阳城"。长期以来，哈特拉城一直都是东西方商队的主要会聚地之一。

世界遗产委员会评价：哈特拉是受帕提亚帝国影响的要塞重镇和第一个阿拉伯王国的首府，在116年和198年抵挡住了罗马人的多次侵犯，这主要得益于它高大厚实的城墙和城堡。这座城市的遗址，特别是它融会了希腊罗马建筑风格及东方装饰特色的寺庙建筑，展示了帕提亚文明的辉煌。

外文名称：Hatra

遗产类别：世界文化遗产

批准时间:1985

符合标准:(ii)(iii)(iv)(vi)

萨迈拉古城

世界遗产委员会评价:萨迈拉古城被列入了《世界文化遗产名录》和《濒危世界遗产名录》,它是强大的伊斯兰的都城遗址,这个都城在一个多世纪的时间里统治了从突尼斯延伸到中亚的阿巴斯帝国的各个省份。它位于巴格达以北130千米处的底格里斯河两岸,从北到南长41.5千米,宽度从4千米到8千米不等。该遗址证明其在建筑和艺术方面具有创新性,这种创新性在当地有所发展,并传播到伊斯兰世界和伊斯兰世界以外的其他地区。9世纪的大清真寺和通天塔是该遗址中众多的杰出建筑奇迹之一,其中仍有80%有待挖掘。

外文名称:Samarra Archaeological City

遗产类别:世界文化遗产

批准时间:2007

符合标准:(ii)(iii)(iv)

其他信息:濒危2007

叙利亚

◎ **首都**:大马士革

◎ **世界文化遗产**:阿勒颇古城,帕尔米拉古城遗址,武士堡和萨拉丁堡,大马士革古城,布斯拉古城,叙利亚北部古村落群,共 6 处。①

阿勒颇古城

阿勒颇古城是丝绸之路的最西端,公元前 2000 年即有人定居在此,阿勒颇古城和大马士革一样是中东地区建城历史最悠久的城市之一。

世界遗产委员会评价:阿勒颇从公元前 2000 年起就处于几条商道的交会处,相继由希泰人、亚述人、阿拉伯人、蒙古人、马穆鲁克人和土耳其人统治过。古城内 13 世纪的城堡,12 世纪的大清真寺,17 世纪的穆斯林学校、宫殿、沙漠旅店及浴室,构成了城市独特的建筑结构。

外文名称:Ancient City of Aleppo

遗产类别:世界文化遗产

批准时间:1986

符合标准:(iii)(iv)

其他信息:濒危 2013

帕尔米拉古城遗址

帕尔米拉曾是古丝绸之路上最繁荣、最有文化底蕴的一座绿洲城市,人们也经常形容她是"沙漠中的新娘"。2000 年前,作为中国长安和罗马之间的贸易中转站,帕尔米拉的繁华持续了 400 年之久。

世界遗产委员会评价:帕尔米拉堪称叙利亚沙漠中的一片绿洲,它位于大马士革的东北方,是古代最重要的文化中心之一,城内现仍保存有许多当时的纪念性建筑。1—2 世纪,帕尔米拉处于几种文明的交会处,所以其艺术和建筑能够将古希腊罗马的技艺与本地的传统及波斯的影响巧妙地融合在一起。

外文名称:Site of Palmyra

---

① 2013 年,叙利亚大马士革等 6 处世界文化遗产因战乱全部被列入《濒危世界遗产名录》。

遗产类别：世界文化遗产

批准时间：1980

符合标准：(i)(ii)(iv)

其他信息：濒危 2013

武士堡和萨拉丁堡

世界遗产委员会评价：武士堡和萨拉丁堡这两座堡垒最能体现不同势力的相互影响，它们记载了十字军东征时期(11—13 世纪)近东防御工事的演变。1142—1271 年期间，耶路撒冷的圣·约翰骑士修道会修建了武士堡，13世纪末时，马穆鲁克又进一步进行了修建。

外文名称：Crac des Chevaliers and Qal'at Salah El-Din

遗产类别：世界文化遗产

批准时间：2006

符合标准：(ii)(iv)

其他信息：濒危 2013

大马士革古城

古代的大马士革，被称为"天国里的城市"。

世界遗产委员会评价：大马士革古城建于公元前 3000 年，是中东地区最古老的城市之一。中世纪时期，大马士革是繁荣的手工业中心，专注于刀剑和饰带的制作。在它建于不同历史时期的 125 座纪念性建筑物中，以 8 世纪倭马亚王朝哈里发时期的大清真寺最为壮观，大清真寺建在亚述国的一块圣地上。

外文名称：Ancient City of Damascus

遗产类别：世界文化遗产

批准时间：1979

符合标准：(i)(ii)(iii)(iv)(vi)

其他信息：濒危 2013

沙特阿拉伯

◎ **首都**：利雅得

🤝 **伙伴关系**：全面战略伙伴关系（2016）

🏗 **"一带一路"项目**：延布炼厂。

◎ **世界文化遗产**：吉达古城——通向麦加之门，沙特哈伊勒省的岩石艺术，德拉伊耶遗址的阿图赖夫区，石谷（玛甸沙勒）考古遗址，共 4 处。

吉达古城——通向麦加之门

世界遗产委员会评价：吉达古城这座拥有 2000 多年历史的港口城市以其作为全球穆斯林进入伊斯兰教圣城麦加朝觐的门户的地位和一系列风格独特的古老建筑而闻名。1869 年苏伊士运河开通后，这里是红海地区的贸易中心，林林总总的小商铺、传统的白石灰石墙壁和突出的木结构窗棂建筑群构成了吉达古城的独特景观。位于城中心的贝伊特·纳希夫博物馆是最典型的 19 世纪沙特民居，它的建筑风格受埃及影响较大。

外文名称：Historic Jeddah，the Gate to Makkah

遗产类别：世界文化遗产

批准时间：2014

符合标准：（ii）（iv）（vi）

沙特哈伊勒省的岩石艺术

世界遗产委员会评价：在沙特哈伊勒省这一地区的山脚下曾有一个湖

泊,这个湖泊曾为在这里生活的居民和动植物提供淡水资源,但是现在已经消失不见。阿拉伯人的祖先在岩石上留下了历史的印记,岩石上的画和碑文记录了 1 万年前的历史,让后人能够通过岩石艺术这种方式来探索历史。

外文名称:Rock Art in the Hail Region of Saudi Arabia

遗产类别:世界文化遗产

批准时间:2015

符合标准:(i)(iii)

卡塔尔

首都:多哈

伙伴关系:战略伙伴关系(2014)

世界文化遗产:祖巴拉考古遗址,共 1 处。

祖巴拉考古遗址

世界遗产委员会评价:有围墙的海滨小镇祖巴拉位于阿拉伯湾,大约 9 世纪得到开发,并作为一个珍珠采集地和贸易中心鼎盛于 18 世纪末和 19 世纪初。该镇于 1811 年被毁,并在 20 世纪初期被弃。祖巴拉由科威特商人建造,与印度洋、阿拉伯半岛和西亚地区有贸易联系。从沙漠里吹来的沙子形成的沙层不仅保护了该处遗址的宫殿、清真寺、街道、四合院及渔人棚屋的遗迹,还保护了这里的港口、双层城墙、运河、墙体和墓地。目前政府只在该址的一小部分区域进行了挖掘,为该地区城市贸易和珍珠采集传统提供了绝佳证据。正是这些贸易和传统维持了该地区主要城镇的发展并使得这些小国家繁荣起来,脱离土耳其、欧洲和波斯帝国的控制,并最终导致了现代波斯湾众国的出现。

外文名称：Al Zubarah Archaeological Site

遗产类别：世界文化遗产

批准时间：2013

符合标准：(iii)(iv)(v)

约　旦

◎ **首都**：安曼

🤝 **伙伴关系**：战略伙伴关系（2015）

◎ **世界文化遗产**：库塞尔阿姆拉，佩特拉，瓦迪拉姆保护区，乌姆赖萨斯考古遗址，施洗地"约旦河伯大尼"，共5处。

库 塞 尔 阿 姆 拉

库塞尔阿姆拉是中国古代海上丝绸之路的重要一站，是中国陶瓷在东非的集散地，被当地人称作是中国古瓷器的仓库。这里出土了自12世纪以来各个时期的中国古瓷及碎片。

世界遗产委员会评价：库塞尔阿姆拉沙漠城堡建于8世纪早期，保存得非常完好。该城堡既是一个军事要塞，也曾是倭马亚哈里发的住所。这座精美的小宫殿最特别的是它的接待厅和浴室，装潢富丽堂皇，装饰有许多反映那个时代世俗艺术的象征性壁画。

外文名称：Quseir Amra

遗产类别：世界文化遗产

批准时间：1985

符合标准：(i)(iii)(iv)

佩　特　拉

　　佩特拉——这座曾经被遗忘了千年之久的世纪古城，最先受到关注是因为好莱坞大片《印第安纳琼斯·最后的十字军》，凡是看过该片的观众都被嵌在岩石中的城堡的壮观景象所震撼。人们把佩特拉叫作"玫瑰色的石头城"。19世纪，英国诗人威廉·伯根在诗里赞美它："令我震惊的唯有东方大地，玫瑰红墙见证了整个历史。"2007年，佩特拉被评选为"世界新七大奇迹"①。

　　世界遗产委员会评价：佩特拉城位于红海和死海之间，它的历史可以追溯到史前时代，最初是由纳米泰人沙漠商队建立的，它是阿拉伯、埃及、叙利亚腓尼基之间的交通要塞。佩特拉城一半向外突出，一半嵌入岩石中，周围群山环绕，山中道路蜿蜒，峡谷深深，是世界上最著名的考古遗址之一。古希腊建筑与古代东方传统在这里交汇相融。

　　外文名称：Petra

　　遗产类别：世界文化遗产

　　批准时间：1985

　　符合标准：(i)(iii)(iv)

瓦 迪 拉 姆 保 护 区

　　世界遗产委员会评价：瓦迪拉姆保护区一系列形态各异的沙漠景观由狭窄的峡谷、天然拱门、高耸的峭壁、坡道、巨型滑坡和洞穴所组成。保护区内的岩画、碑文和考古遗迹显示了人类在过去1.2万年的时间里在此的生活，以及与自然环境互动的证据。2.5万个石刻与2万个碑文为追溯人类思想的发展及早期字母的演变提供了可能。遗址展现了该地区牧业、农业和城市活

---

　　① "世界新七大奇迹"是中国长城、约旦佩特拉古城、巴西基督像、秘鲁马丘比丘印加遗址、墨西哥奇琴伊查库库尔坎金字塔、意大利古罗马斗兽场、印度泰姬陵。该评选结果于葡萄牙当地时间2007年7月7日21：30（北京时间2007年7月8日凌晨）在葡萄牙首都里斯本揭晓，其中，中国长城位居第一。

动的发展。

外文名称：Wadi Rum Protected Area

遗产类别：世界自然与文化遗产

批准时间：2011

符合标准：(iii)(v)(vii)

巴勒斯坦

◎ 首都：耶路撒冷

◎ 世界文化遗产：耶稣诞生地——伯利恒主诞堂和朝圣线路，希伯伦老城，橄榄与葡萄酒之地——南耶路撒冷文化景观，共 3 处。

耶稣诞生地——伯利恒主诞堂和朝圣线路

世界遗产委员会评价：耶稣诞生地位于耶路撒冷以南 10 千米，自 2 世纪起，就被基督教传统认定为耶稣的诞生地。339 年，此地建成第一座教堂；6 世纪的火灾后，在此基础上重建的教堂保留了原有建筑的精美的马赛克地板。这一遗产地还包括修道院、教堂，以及钟楼、露台花园和一条朝圣路线。

外文名称：Birthplace of Jesus：Church of the Nativity and the Pilgrimage Route，Bethlehem

遗产类别：世界文化遗产

批准时间：2012

符合标准：(iv)(vi)

其他信息：濒危 2012

希伯伦老城

世界遗产委员会评价：希伯伦是巴勒斯坦西岸地区的一个城市，也是犹太教中仅次于耶路撒冷的圣城。希伯伦老城的特点是有狭窄曲折的街道、平顶的石头房屋和古老的集市。希伯伦最著名的历史遗迹是麦比拉洞，由于与亚伯拉罕有关，犹太教、基督教和伊斯兰教都将其视为圣地。老城中的片区按种族、宗教、职业区分，建筑中的房间呈树形排列。

外文名称：Hebron/Al-Khalil Old Town

遗产类别：世界文化遗产

批准时间：2017

符合标准：(ii)(iv)(vi)

其他信息：濒危 2017

以色列

◎ **首都**：耶路撒冷

🤝 **伙伴关系**：创新全面伙伴关系(2017)

◎ **世界文化遗产**：熏香之路——内盖夫的沙漠城镇，马萨达，迦密山人类进化遗址——梅尔瓦特河/瓦迪·艾玛哈尔洞穴群，海法和西加利利的巴海圣地，阿克古城，特拉维夫白城——现代运动，米吉多、夏琐和基色圣地，犹大低地的马沙-巴塔·古夫林洞穴、洞穴之乡的缩影，贝特沙瑞姆大型公墓——犹太复兴中心，共 9 处。

熏香之路——内盖夫的沙漠城镇

熏香之路又被称为"香料之路"。被欧洲人称为阿拉伯香料的乳香、没药①等，大都产自印度、斯里兰卡等国。鼎盛时期，拥有数千匹骆驼的庞大商队，结伴经阿拉伯湾的也门、阿曼向西跋涉，将香料贩运到地中海东岸的加沙港口，再转运至欧洲。

世界遗产委员会评价：纳巴泰人是沙漠的主人，他们开辟了著名的"熏香之路"。驼队驮着东边也门出产的香料、香水和食盐，途经四个城镇——哈鲁扎（Haluza）、曼席特（Mamshit）、阿伏达特（Avdat）和席伏塔（Shivta），沿途有内盖夫沙漠的相关堡垒和农业景观。它们共同反映了自公元前 3 世纪起到公元 2 世纪间从阿拉伯南部到地中海地区乳香和没药贸易的巨大繁荣景象。复杂的灌溉系统、城市建筑、城堡和商队旅馆等遗迹，见证了条件艰苦的沙漠发展成为贸易场所和农业定居点的过程。

外文名称：Incense Route-Desert Cities in the Negev

遗产类别：世界文化遗产

批准时间：2005

符合标准：(iii)(v)

马萨达

世界遗产委员会评价：马萨达是一个地势险峻的天然堡垒，它威严肃穆地矗立在犹地亚沙漠中，俯瞰着死海。马萨达是古代以色列王国的象征：73 年，在罗马军队的围攻下，该城池遭到严重摧毁，它是犹太爱国者在这片土地上的最后一个据点。马萨达是由朱迪亚王国的希律王（公元前 37 年到公元前 4 年在位）修建的宫殿群，带有典型的早期罗马帝国的古典建筑风格。马

---

① 没药，为橄榄科植物没药树或爱伦堡没药树的树脂，又名末药（《本草纲目》）。主产于非洲索马里、埃塞俄比亚及印度等地。采集由树皮裂缝处渗出的白色油胶树脂，于空气中变成红棕色而坚硬的圆块。打碎后，炒至焦黑色应用。有活血止痛、消肿生肌等功效。主治胸腹瘀痛、痛经、经闭、症瘕、跌打损伤、痈肿疮疡、肠痈、目赤肿痛。

萨达城堡外围的营地、堡垒以及进攻坡道保存至今，它们完整地再现了罗马人在著名的"罗马围攻"中的攻城工事。

外文名称：Masada

遗产类别：世界文化遗产

批准时间：2001

符合标准：（iii）（iv）（vi）

迦密山人类进化遗址——梅尔瓦特河/瓦迪·艾玛哈尔洞穴群

世界遗产委员会评价：该遗产坐落于迦密山西坡的梅尔瓦特河与瓦迪·艾玛哈尔山谷深处，由塔帮、约马尔、艾瓦德和斯虎尔洞穴组成，占地超过54公顷。遗址内保存有展现人类50万年来进化历程的文化留存，如墓葬、早期石头建筑及由狩猎采集向农业和畜养动物的生活方式转变的证据等。这一遗址是目前唯一发现的既有灭绝的尼安德特人，又有解剖学意义上现代人的早期先祖化石遗迹的地方，为研究尼安德特人的消失和智人的进化提供了新的证据。在此进行的90年考古研究，揭示了文化排序中尚未被认知的一段时光，为了解西南亚早期人类生活提供了宝贵的资料。

外文名称：Sites of Human Evolution at Mount Carmel：The Nahal Me'arot / Wadi el-Mughara Caves

遗产类别：世界文化遗产

批准时间：2012

符合标准：（iii）（v）

海法和西加利利的巴海圣地

巴海教，也译作巴哈伊教，于19世纪中叶发源于伊朗。因创始人侯赛因·阿里（1817—1893）自称巴哈安拉，意为"安拉的光辉"，故得名。海法最著名的历史遗迹是巴孛陵墓，又称巴海或巴哈伊圣地巴孛陵寝梯田花园。

世界遗产委员会评价：它们体现了巴海浓厚的朝圣传统，以及它们所蕴含的关于宗教信仰的深刻内涵。这一遗产由分布在阿克和海法11个地方的,与宗教创始人有关的 26 座建筑、纪念碑和遗址组成,其中包括位于阿克的巴哈欧拉圣陵和位于海法的巴孛陵墓。此外还有房屋、花园、公墓和用作教务行政室、档案室和研究中心的大规模新古典主义风格的现代建筑群。

外文名称:Bahá'i Holy Places in Haifa and the Western Galilee

遗产类别:世界文化遗产

批准时间:2008

符合标准:(iii)(vi)

黎巴嫩

⊙ **首都**:贝鲁特

◎ **世界文化遗产**:比布鲁斯,夸底·夸底沙(圣谷)和神杉林,提尔城,安杰尔,巴勒贝克,共 5 处。

比布鲁斯

比布鲁斯是地中海沿岸的西亚腓尼基古城。有鉴于比布鲁斯曾在漫长的岁月中充当过各文明的汇合点,1974 年联合国教科文组织专门建立"比布鲁斯国际人文学科与发展中心"。

世界遗产委员会评价:比布鲁斯是黎巴嫩最古老的城市之一,它从新石器时代开始就有人居住,和数千年来地中海地区的传奇、历史紧密联系在一起。同时比布鲁斯也和腓尼基字母表的发展传播息息相关。

外文名称:Byblos

遗产类别:世界文化遗产

批准时间:1984

符合标准：(iii)(iv)(vi)

夸底·夸底沙（圣谷）和神杉林

圣谷指的是黎巴嫩中北部地区群山夹峙、层峦叠嶂之下的谷底，神杉林指的是这一地区山坡上和山巅上的雪松。圣谷是典型的世外桃源。雪松又叫黎巴嫩杉，是黎巴嫩的国树。

世界遗产委员会评价：圣谷是基督教早期最重要的修道士聚居地。它的许多修道院年代已十分久远，引人注目地坐落在崎岖不平的地形中，附近是黎巴嫩山林遗址，这里的树木为古代宗教建筑提供了优质的木材。

外文名称：Ouadi Qadisha（the Holy Valley）and the Forest of the Cedars of God（Horsh Arz el-Rab）

遗产类别：世界文化遗产

批准时间：1998

符合标准：(iii)(iv)

提 尔 城

世界遗产委员会评价：传说认为提尔城是紫色颜料的诞生地。它曾是最雄伟的腓尼基城市，当时腓尼基人统治着一些海域，建立了像卡地兹和迦太基这样繁荣的殖民地。它的历史地位在十字军东征之后逐步衰落，但仍保留了许多重要的考古遗物（主要属于罗马时期）。

外文名称：Tyre

遗产类别：世界文化遗产

批准时间：1984

符合标准：(iii)(vi)

也 门

◎ **首都**：亚丁（临时）

◎ **世界文化遗产**：萨那古城，乍比得历史古城，城墙环绕的希巴姆古城，共 3 处。

萨那古城

在阿拉伯人中素有"途程虽远，必到萨那"之说。整个古城内的建筑都保存得完好无损，看上去宛如雕塑和绘画作品一样美丽，素有"阿拉伯明珠""春城"的美称。

世界遗产委员会评价：萨那坐落于海拔 2200 米的山谷里，人类在那里的居住历史已超过 2500 年。在 7 世纪和 8 世纪期间，此城成为伊斯兰教的主要传播中心。其中的政治和文化遗产包括 103 座清真寺、14 座哈玛姆寺和 6000 间会所，全部建于 11 世纪前。萨那城的多层塔楼为景点增添了美丽。

外文名称：Old City of Sana'a

遗产类别：世界文化遗产

批准时间：1986

符合标准：(iv)(v)(vi)

乍比得历史古城

世界遗产委员会评价：乍比得的民用和军事建筑及其城市规则使之具有杰出的考古和历史价值。除了在 13—15 世纪曾作为首都，许多世纪以来，由于乍比得的伊斯兰大学,该城在阿拉伯和伊斯兰世界发挥着重要作用。

外文名称:Historic Town of Zabid

遗产类别:世界文化遗产

批准时间:1993

符合标准:(ii)(iv)(vi)

其他信息:濒危 2000

阿　曼

📍 **首都**:马斯喀特

🔆 **世界文化遗产**:乳香之路,巴特·库特姆和艾因考古遗址,阿曼的阿夫拉贾灌溉体系,巴赫莱要塞,共 4 处。

乳香之路

乳香是一种飘着淡雅清香的树脂,过去常常被用作熏香和医疗用品,受到古埃及、古罗马及其他国家人民的高度称赞。阿曼是乳香的古老产地与交易中心。

世界遗产委员会评价:瓦迪·道卡的乳香树及相关的科尔罗里和巴厘德港口的商队绿洲遗迹,都表明这里的乳香贸易繁荣了很多个世纪。这项贸易在古代和中世纪是最重要的商业活动之一。

外文名称:Land of Frankincense

遗产类别:世界文化遗产

批准时间:2000

符合标准:(iii)(iv)

巴特·库特姆和艾因考古遗址

世界遗产委员会评价:巴特是一个史前遗址,位于阿曼苏丹国内的一片棕榈树林附近。它和周围的遗址共同组成了公元前 3000 年时最完整的村落和公共墓地遗迹。

外文名称:Archaeological Sites of Bat, Al-Khutm and Al-Ayn

遗产类别:世界文化遗产

批准时间:1988

符合标准:(iii)(iv)

阿曼的阿夫拉贾灌溉体系

世界遗产委员会评价:这处世界遗产包含了 5 个阿夫拉贾(Aflaj)灌溉体系,同时也是 3000 个仍然在阿曼使用的灌溉系统的典型代表。这种灌溉系统的由来可以追溯到公元 500 年左右,但是从考古学上的证据来看,这个应用在极端干燥地区的灌溉系统应该早在公元前 2500 年就已经存在了。Aflaj是 falai 的复数形式,在传统阿拉伯语中的意思是公平地划分珍贵的稀有资源,以确保能永续性地维持这种灌溉系统的特征。这种灌溉系统在水资源方面则是利用重力,从地底或涌出的山泉中将水导出,用来供应家庭用水及农业灌溉,通常能供应数千米以上的距离。至于村落、城镇间如何公平且有效地管理及分配水资源,至今依然建立在彼此间的信赖和公共利益上,并且通过大量的观测数据来引导。同时这里建造了为数众多的瞭望台来保护水资源系统,从被列入遗产的某些部分可反映出社区对阿夫拉贾体系的历史性依赖。其他被包含在该遗迹中的建筑还有清真寺、房屋、日晷及拍卖水的大楼。由于受到地下水水层持续下降的威胁,阿夫拉贾灌溉系统代表一种被保护得极好的土地使用形式。

外文名称:Aflaj Irrigation Systems of Oman

遗产类别:世界文化遗产

批准时间:2006

符合标准：(v)

阿拉伯联合酋长国

📍 **首都**：阿布扎比

🤝 **伙伴关系**：战略伙伴关系（2013）

🏗️ **"一带一路"项目**：中国石化公司石油仓储合资项目。

◎ **世界文化遗产**：艾恩文化遗址——哈菲特、西里、比达-宾特-沙特及绿洲，共1处。

艾恩文化遗址——哈菲特、西里、比达-宾特-沙特及绿洲

艾恩是阿拉伯联合酋长国首都阿布扎比附近的一个城市，素有"花园城市"的美誉。艾恩，原义为"泉水"，艾恩绿洲是贝都因人文化的摇篮。

世界遗产委员会评价：艾恩文化遗址拥有大量史前文化遗迹，为人类自新石器时代起就在沙漠地区活动定居这一事实提供了证据。突出的遗迹包括圆形石墓葬群（约公元前2500年）、水井及大量的土坯建筑物，如住宅、塔楼、宫殿及行政建筑等。特别是西里的阿夫拉贾精密的灌溉体系，是这种源自铁器时代的灌溉体系的最古老例证之一。艾恩文化遗址的遗产是这一地区由狩猎与采集文化向定居文化过渡的重要例证。

外文名称：Cultural Sites of Al Ain（Hafit，Hili，Bidaa Bint Saud and Oases Areas）

遗产类别：世界文化遗产

批准时间：2011

符合标准：(iii)(iv)(v)

科威特

◎ 首都：科威特城

巴 林

◎ 首都：麦纳麦

◎ 世界文化遗产：巴林贸易港考古遗址，采珠业——岛屿经济的见证，共 2 处。

巴林贸易港考古遗址

世界遗产委员会评价：位于巴林岛的卡拉特考古遗址是一个典型的台形土墩遗址，是由连续多层的人类居住遗迹堆建而成的人工土墩。300 米×600 米的土堆见证了从公元前 2300 年至公元 16 世纪人类一直在此居住的历史。遗址中已被挖掘的部分约占 25％，展示了不同类型的房屋结构，包括住宅、公共设施、商业、宗教和军事设施。这些足以证明数世纪来这里作为通商口岸的重要性。在 12 米高的土墩之上是雄伟的葡萄牙堡垒，整个遗迹因此而得名"卡拉特"（Qal'a），意即堡垒。该遗址是这一地区最重要的古代文明之一——迪尔蒙(Dilmun)文明的首都。这一文化至今只见于苏美尔文献记载中,但这一遗址却保存了其最丰富的遗迹。

外文名称:Qal'at al-Bahrain-Ancient Harbour and Capital of Dilmun

遗产类别:世界文化遗产

批准时间:2005

符合标准:(ii)(iii)(iv)

塞浦路斯

◎ **首都**:尼科西亚

◈ **世界文化遗产**:帕福斯,乔伊鲁科蒂亚,特罗多斯地区的彩绘教堂,共3处。

帕 福 斯

世界遗产委员会评价:帕福斯自新石器时代起就有人类居住,是一个崇拜阿弗洛狄忒(Aphrodite)和前希腊生育诸神的中心。传说阿弗洛狄忒就诞生在这个岛上,公元前12世纪,迈锡尼人在这里为她建造了庙宇。这里的别墅、宫殿、剧院、要塞和墓地遗迹都表明这个遗址具有非凡的建筑和历史价值。新帕福斯的马赛克图案是世界上最美丽的图案之一。

外文名称:Paphos

遗产类别:世界文化遗产

批准时间:1980

符合标准:(iii)(vi)

土耳其

◎ **首都**：安卡拉

🤝 **伙伴关系**：战略合作伙伴关系（2010）

🏗 **"一带一路"项目**：安伊高铁二期，网上丝绸之路，三家中国央企联手收购土耳其第三大码头。

◉ **世界文化遗产**：伊斯坦布尔历史区，加泰土丘的新石器时代遗址，特洛伊考古遗址，哈图莎——希泰首都，阿弗洛狄西亚，帕加马卫城及其多层次文化景观，赫拉波利斯和帕穆克卡莱，以弗所，迪夫里伊的大清真寺和医院，格雷梅国家公园和卡帕多西亚石窟建筑，布尔萨和库马利吉兹克历史遗迹群——奥斯曼帝国的诞生，赛利米耶清真寺及其社会性建筑群，萨夫兰博卢城，桑索斯和莱顿，阿尼古城考古遗址，迪亚巴克要塞和哈乌塞尔花园文化景观，内姆鲁特达格，共 17 处。

伊斯坦布尔历史区

伊斯坦布尔是一个同时拥抱着欧、亚两大洲的名城，古代三大帝国——罗马帝国、拜占庭帝国及奥斯曼帝国的首都。"伊斯坦布尔承载着拜占庭与奥斯曼文明独一无二的见证"，对欧洲和亚洲的建筑发展、不朽的艺术与空间的组织产生了相当大的影响。

世界遗产委员会评价：伊斯坦布尔位于巴尔干和安纳托利亚，黑海和地中海之间。伊斯坦布尔 2000 多年来总是与一些重要的政治、宗教和艺术事件联系在一起。它的杰作包括古代君士坦丁堡竞技场，6 世纪的哈吉亚·索菲亚教堂（Hagia Sophia）和 16 世纪的苏莱曼清真寺。这些都受到了人口过剩、工业污染及过度城市化的威胁。

外文名称：Historic Areas of Istanbul

遗产类别：世界文化遗产

批准时间：1985

批准标准：(i)(ii)(iii)(iv)

加泰土丘的新石器时代遗址

世界遗产委员会评价：加泰土丘的新石器时代遗址位于安纳托利亚高原南部，由两座山丘组成，占地约 206 亩。东边的山丘较高，展示了公元前 7400 至公元前 6200 年新石器时代居住地的 18 个发展级别，包括壁画、雕塑和其他具有象征性、艺术性的遗产。它们一起见证了人类为了调整自身适应定居生活而在社会组织和文化实践方面的演变。西边山丘则展示了公元前 6200 至公元前 5200 年期间文化习俗的演变。加泰土丘遗址反映了在 2000 年的时间中，同一位置的定居村落向城市聚居地转变的情况。定居点的独特之处是这里没有街道，房屋与房屋背靠背连成一个集群，房子的入口则设在屋顶。

外文名称：Neolithic Site of Çatalhöyük

遗产类别：世界文化遗产

批准时间：2012

符合标准：(iii)(iv)

特洛伊考古遗址

世界遗产委员会评价：特洛伊以其 4000 多年的历史而成为世界上最著名的考古遗址之一。1870 年，著名的考古学家海因里希·谢里曼（Heinrich Schliemann）对这个遗址进行了第一次挖掘。从科学的角度来说，它大量的遗存物是安纳托利亚和地中海文明之间联系的最重要、最实质的证明。特洛伊于公元前 13 世纪或公元前 12 世纪遭到来自希腊的斯巴达人和亚加亚人的围攻，这一史实由荷马写进史诗而流传千古，而且从那时起它便激发了世界上众多艺术家的创作灵感。

外文名称：Archaeological Site of Troy

遗产类别：世界文化遗产

批准时间：1998

符合标准：(ii)(iii)(vi)

哈 图 莎——希 泰 首 都

从 1906 年开始，德国考古协会开始在哈图莎进行考古发掘，发现了许多楔形文字碑片，最重要的发现是大约在公元前 1283 年赫梯帝国和埃及法老拉美西斯二世签订的和平条约，现在有一个复制品作为最早的国际和平条约范例放在纽约联合国总部。

世界遗产委员会评价：哈图莎是希泰王国以前的首都，它的城市结构，被保留下来的寺庙、皇宫、要塞、狮子门和皇宫门上华丽的装饰，以及亚兹里卡亚的岩石艺术，使它成为杰出的考古遗址。这座城市在公元前 2000 年时对安纳托利亚及北叙利亚都产生过巨大影响。

外文名称：Hattusha：the Hittite Capital

遗产类别：世界文化遗产

批准时间：1986

符合标准：(i)(ii)(iii)(iv)

阿 弗 洛 狄 西 亚

世界遗产委员会评价：建于古希腊和古罗马时期的古城阿弗洛狄西亚（Aphrodisias）是原卡里亚（Caria，小亚细亚西南海岸古址）的一座小城，位于现土耳其村庄热尔（Geyre）附近，是以希腊爱与美女神阿弗洛狄忒（Aphrodite）的名字命名，原筑有女神阿弗洛狄忒的神像。由于地处地震高发区，经过多次地震，大部分建筑已成为断壁残垣，只保留着希腊风格的澡堂、拱门、横梁、石柱长廊、月女神殿等景观。

外文名称：Aphrodisias

遗产类别：世界文化遗产

批准时间：2017

符合标准：（ii）（iii）（iv）（vi）

帕加马卫城及其多层次文化景观

帕加马是安纳托利亚古国，现在是土耳其境内的一处历史遗迹。

世界遗产委员会评价：帕加马卫城为阿塔罗斯王朝的首都，为古时重要的学习中心，不朽的寺庙、壮观的剧院、宏伟的柱廊、广阔的竞技场、神圣的祭坛和图书馆被高高的城墙环绕。之后这里成为亚洲的罗马中心，因贵族的疗养院——阿克勒毕昂（Asclepieion）而成为远近闻名的医治中心。目前的帕加马卫城是一处历史久远的遗迹，由古坟，罗马时期、拜占庭时期和奥斯曼帝国时期遗留的古建筑组成，是考古爱好者必游之地。

外文名称：Pergamon and its Multi-Layered Cultural Landscape

遗产类别：世界文化遗产

批准时间：2014

符合标准：（i）（ii）（iii）（iv）（vi）

赫拉波利斯和帕穆克卡莱

世界遗产委员会评价：赫拉波利斯和帕穆克卡莱由石林、石瀑布和一系列的梯形盆地组成，此遗址包括浴室的废墟、庙宇和其他希腊建筑。赫拉波利斯遗址是一处引人入胜、发人深思的遗址，遗址的主要物理特征是它那20米高的石灰华和瀑布，非常壮观。

赫拉波利斯遗址中有一个台阶状的半圆形场地，场地的台阶从1米到6米不等，新近沉积下来的碳酸钙给这些石灰华场地披上了一层明亮的洁白外衣。赫拉波利斯的罗马城镇废墟便在这个遗址附近，包括剧院、许多陵墓和一些老的温泉浴场。罗马城镇建立于公元前2世纪末期，在2世纪和3世纪的末期它发展达到了顶峰。在建设结构上，它承袭了希腊的传统风格，主要的街道有1千米长，主要的建筑物都排列在街道的旁边，街道两侧的小巷都与街道成直角，城镇中较为重要的一些建筑物有剧院、八角形建筑、纪念门、罗马式建筑房间和大墓地。

  外文名称：Hierapolis-Pamukkale

  遗产类别：世界自然与文化遗产

  批准时间：1988

  符合标准：(iii)(iv)(vii)

以弗所

  世界遗产委员会评价：这里发掘出了罗马帝国时期宏伟的建筑，如赛尔苏斯图书馆和大剧院，以及吸引整个地中海地区朝圣者的著名的阿提米斯神庙残存的少部分遗迹，这座神庙被称为"世界七大奇迹"之一。5世纪以来，距以弗所7千米的圣母玛丽亚终老之地，一座穹顶十字形教堂成为基督教朝圣者的重要膜拜地。内港和海道使以弗所古城成为古罗马海港城市的突出代表。

  外文名称：Ephesus

  遗产类别：世界文化遗产

  批准时间：2015

  符合标准：(iii)(iv)(vi)

迪夫里伊的大清真寺和医院

  世界遗产委员会评价：迪夫里伊的大清真寺和医院位于安纳托利亚地区，11世纪由土耳其人占领。埃米尔·艾哈迈德·沙哈（Emir Ahmet Shah）于1228—1229年建立了一座包括一个单独祈祷室的清真寺，有两个圆盖封顶，还与一所医院相邻。它极其精致的拱顶结构、富有想象力的创造性的装饰性雕刻（尤其是三扇门上的），与朴实无华的内部墙壁形成了鲜明对比，这些都使它成为伊斯兰建筑中独一无二的杰作。

  外文名称：Great Mosque and Hospital of Divrigi

  遗产类别：世界文化遗产

  批准时间：1985

符合标准：(i)(iv)

格雷梅国家公园和卡帕多西亚石窟建筑

世界遗产委员会评价：格雷梅国家公园位于土耳其中部的安纳托利亚高原上的内夫谢希尔省，处在内夫谢希尔、阿瓦诺斯、于尔居普三座城市之间的一片三角形地带上。公园内的卡帕多西亚奇石林以壮观的火山岩群、古老的岩穴教堂和洞穴式住房闻名于世。这一地区是由远古时代五座大火山喷发出来的熔岩构成的火山岩高原。

由于这里的岩石质地较软，孔隙多，抗风化能力差，山地经过长年的风化和水流侵蚀，形成了许多奇形怪状的石笋、断岩和岩洞。山体上寸草不生，岩石裸露，人们称这里为奇山区。而且，除了上帝赋予卡帕多西亚的独特的自然景观外，这里的人文景观也颇为让人着迷：2000多年前，土耳其先民希太部族就在此凿洞而居，这些山洞至今仍然保存良好。公园中部有格雷梅天然博物馆，由15座基督教堂和一些附属建筑组成，其中包括一些希腊式的教堂建筑和建于11世纪的圣巴巴拉教堂，以及建于12—13世纪的苹果教堂，等等。

外文名称：Göreme National Park and the Rock Sites of Cappadocia
遗产类别：世界自然与文化遗产
批准时间：1985
符合标准：(i)(iii)(v)(vii)

布尔萨和库马利吉兹克历史遗迹群——奥斯曼帝国的诞生

世界遗产委员会评价：布尔萨曾是14世纪初建立的奥斯曼帝国的都城，也是当时的重要社会、经济、文化中心。布尔萨和库马利吉兹克历史足迹群讲述了14世纪早期奥斯曼帝国城市和乡村系统的建立，遗迹围绕着首府经济和政治的发展而展开。这8处景观包括商业区、综合清真寺、宗教学校、公共浴池、厨房和奥斯曼帝国建立者的墓地等。位于布尔萨历史中心外部的库马利吉兹克村庄是这一历史遗迹群中唯一的乡村，为历史中心的发展提供了服务。

外文名称:Bursa and Cumalıkızık：the Birth of the Ottoman Empire

遗产类别:世界文化遗产

批准时间:2014

符合标准:(i)(ii)(iii)(iv)(vi)

赛利米耶清真寺及其社会性建筑群

世界遗产委员会评价:方形的赛利米耶清真寺巨大的中央圆顶与四座细长的宣礼塔矗立在埃迪尔内的天际线上,俯瞰着这座前奥斯曼帝国的首都。16世纪著名的奥斯曼建筑师希南将这一建筑群视为自己最杰出的作品。清真寺使用伊兹尼克最巅峰时期出品的瓷砖作为内饰材料,代表着以这种瓷砖创造的艺术形式至今无人超越的最高成就。赛利米耶清真寺建筑群也被视作奥斯曼时期"库里耶"(意为一组围绕着清真寺修建的建筑群,并作为一个统一的机构进行管理)建筑作品所能达到的最和谐的境界。

外文名称:Selimiye Mosque and its social Complex

遗产类别:世界文化遗产

批准时间:2011

符合标准:(i)(iv)

非洲6国

埃塞俄比亚、肯尼亚、埃及、吉布提、突尼斯、坦桑尼亚

埃塞俄比亚

⊚ **首都**：亚的斯亚贝巴

🤝 **伙伴关系**：全面战略合作伙伴关系（2017）

🏗 **"一带一路"项目**：亚吉铁路，埃塞俄比亚东方工业园，亚的斯亚贝巴轻轨。

◉ **世界文化遗产**：阿瓦什低谷，奥莫低谷，蒂亚，阿克苏姆考古遗址，拉利贝拉岩石教堂，历史要塞城市哈勒尔，孔索文化景观，贡德尔地区的法西尔·盖比城堡及古建筑，共8处。

阿 瓦 什 低 谷

阿瓦什低谷是研究人类起源的主要场所，从当地沉积岩中采集的标本超过5000件。最古老的人科动物部分头骨的发现等，使阿瓦什低谷中部成为世界上最重要的古生物学遗迹。

世界遗产委员会评价：阿瓦什低谷是非洲大陆最重要的古生物遗址群之一。在该遗址发现的远古人类化石至少可以追溯到400万年以前，这为人类进化提供了证据，改变了人们对人类历史的传统认识。最重要的考古发现是在1974年，根据当时出土的52块人类骨骼化石还原出了著名的古人类露西（Lucy）。

外文名称：Lower Valley of the Awash

遗产类别：世界文化遗产

批准时间：1980

符合标准：（ii）（iii）（iv）

奥 莫 低 谷

世界遗产委员会评价：奥莫低谷位于图阿卡那湖（Lake Turkana）附近，是世界上著名的史前文化遗址。在这里发现的许多化石，特别是人类股薄肌（Homo Gracilis），对人类进化研究具有重要意义。

外文名称：Lower Valley of the Omo

遗产类别：世界文化遗产

批准时间：1980

符合标准：（iii）（iv）

蒂 亚

世界遗产委员会评价：在亚的斯亚贝巴南部的索多地区迄今为止发现的大约 160 处考古遗址中，蒂亚石柱是最重要的一处。这里有 36 处古迹，其中有 32 根雕刻石柱，刻着很多符号，但大部分都无法解读。这是埃塞俄比亚古代文化的遗存，其年代至今尚无法准确估算。

外文名称：Tiya

遗产类别：世界文化遗产

批准时间：1980

符合标准：（i）（iv）

阿克苏姆考古遗址

世界遗产委员会评价：阿克苏姆考古遗址位于埃塞俄比亚北部边境附近。这里曾是古代埃塞俄比亚的心脏地带，当时的阿克苏姆王国是东罗马帝国和波斯帝国之间最强大的国家。大量的遗迹都可追溯到 1—13 世纪之间，包括完整的方尖碑、大型石柱、皇家墓地和古代城堡遗迹。10 世纪政治衰退很久以后，埃塞俄比亚皇帝的加冕仪式仍然在阿克苏姆举行。

外文名称：Aksum

遗产类别：世界文化遗产

批准时间：1980

符合标准：(i)(iv)

拉利贝拉岩石教堂

拉利贝拉岩石教堂始建于 12 世纪后期拉利贝拉国王统治时期，有"非洲奇迹"之称，是 12—13 世纪基督教文明在埃塞俄比亚繁荣发展的非凡产物。由于教堂完全凿建在山体岩石内，工程异常艰难。

世界遗产委员会评价：这里有 13 世纪"新耶路撒冷"的 11 座中世纪原始窑洞教堂，坐落于埃塞俄比亚中心地带的山区，附近是环形住宅构成的传统村落。拉利贝拉是埃塞俄比亚基督徒眼中的圣地，至今仍有虔诚的信徒前去朝圣。

外文名称：Rock-Hewn Churches，Lalibela

遗产类别：世界文化遗产

批准时间：1978

符合标准：(i)(ii)(iii)

历史要塞城市哈勒尔

世界遗产委员会评价：历史要塞城市哈勒尔位于埃塞俄比亚东部高原，高原上深峡密布，四周环绕着沙漠和大草原。这座穆斯林圣城的城墙建于 13—16 世纪之间。传说哈勒尔城是名列第四位的伊斯兰圣城，共有 82 座清真寺和 102 处圣地，其中有 3 座清真寺可追溯至 10 世纪。哈勒尔城最普遍的房屋是传统的连栋房屋，一层有三个房间，庭院里有礼拜区域；另一种形式的房屋称作印度式房屋，由 1887 年以后来哈勒尔城发展的印度商人所建，房屋是简朴的长方形两层楼，并有可以俯瞰街道或庭院的阳台；第三种房屋就是上述两种的综合体。哈勒尔人以制作高质量的手工制品著称，包括织物、编篮、书籍等，但有着非凡内部设计的房屋是哈勒尔文化遗产中最壮观的部分。这类建筑形式具有代表性，独特而新颖，不同于伊斯兰国家常见的家居风格,即便在埃塞俄比亚,也是别具一格。哈勒尔当前的城市格局形成于 16世纪,与其他伊斯兰城镇一样,有着迷宫般的窄巷和令人望而却步的房屋外观。1520—1568 年期间,这里一直是哈拉里王国的首都。16 世纪末到 19 世纪,哈勒尔城曾是著名的贸易和伊斯兰文化中心。17 世纪时,这里曾是一个独立的酋长国,后被埃及统治了 10 年,直到 1887 年才成为埃塞俄比亚领土的一部分。非洲及伊斯兰传统对这个城镇特定建筑风格和城市格局发展的影响,造就了哈勒尔城独特的风格,奠定了其独一无二的地位。

外文名称: Harar Jugol, the Fortified Historic Town

遗产类别:世界文化遗产

批准时间:2006

符合标准:(ii)(iii)(iv)(v)

孔索文化景观

世界遗产委员会评价:孔索文化景观占地面积为 55 平方千米,位于干旱的埃塞俄比亚孔索高地。在这片高地上,除了石墙梯田构成的景观外,还分布着人类的定居点。作为人类克服干燥恶劣的自然环境顽强生存下来的杰出范例,孔索文化景观代表着一个已传承了 21 代(即 400 多年)并依然具有活力的文化传统,并展现出各社区的共同价值观、社会凝聚力及其所拥有的工程知识。

孔索文化景观还保存着具有人格化特征的木雕,这些木雕相互组合在一起,代表着受到尊敬的各社区成员,特别是英雄。对正处消失边缘的丧葬传统而言,它们是特殊的见证。矗立在城镇中的石碑则共同构成了一种纪念逝去的一代代领导人的复杂体系。

外文名称: Konso Cultural Landscape

遗产类别:世界文化遗产

批准时间:2011

符合标准:(iii)(v)

贡德尔地区的法西尔·盖比城堡及古建筑

世界遗产委员会评价:法西尔·盖比城堡在 16—17 世纪曾是埃塞俄比亚皇帝法西利达斯(Fasilides)及其继任者们的住所。该城由 900 米长的城墙环绕,城内有宫殿、教堂、修道院、独特的公共和私人建筑,明显地反映出受印度和阿拉伯风格的影响。后来,耶稣会传教士又把巴洛克风格带到了贡德尔,改变了它原有的风貌。

外文名称:Fasil Ghebbi, Gondar Region

遗产类别:世界文化遗产

批准时间:1979

符合标准:(ii)(iii)

肯尼亚

◎ **首都**:内罗毕

🤝 **伙伴关系**:全面战略合作伙伴关系(2017)

🏗 **"一带一路"项目**:蒙内铁路,蒙巴萨港,蒙巴萨经济特区,中国文化中心项目。

◎ **世界文化遗产**:图尔卡纳湖国家公园,拉穆古镇,米吉肯达圣林,蒙巴萨的耶稣堡,共 4 处。

图尔卡纳湖国家公园

1967 年以来,肯尼亚考古工作者陆续在库比福勒地区发现了大批古人类化石,以及旧石器和哺乳动物化石。其中石器的年代是在 200 多万年前,由此证明,湖区是人类发源地之一。

世界遗产委员会评价:图尔卡纳湖是非洲大湖中最咸的一个湖,为研究动植物提供了一个特殊的实验室。三个相连的国家公园为迁徙的水鸟提供了中转站,同时也为尼罗鳄、河马和各种毒蛇提供了良好的繁殖地。库比福勒的沉积物拥有丰富的哺乳动物化石、软体动物化石和其他化石遗迹,是了解非洲大陆史前地理、气候等自然环境的最佳研究材料。

外文名称: Lake Turkana National Parks

遗产类别:世界文化遗产

批准时间:2001

符合标准:(viii)(x)

拉 穆 古 镇

世界遗产委员会评价:拉穆古镇是东非最古老、保存最完整的斯瓦希里人聚居地,并仍然发挥着它的传统作用。这个镇用珊瑚石和红树林木材建造而成,以简朴的结构为特色,同时,庭院、阳台走廊、精心雕刻的木门为其增添了很多特有风貌。从 19 世纪开始,主要的穆斯林宗教节日活动都在这里举行,这里也已经成为伊斯兰和斯瓦希里文化的重要研究中心。

外文名称: Lamu Old Town

遗产类别:世界文化遗产

批准时间:2001

符合标准:(ii)(iv)(vi)

米 吉 肯 达 圣 林

世界遗产委员会评价:米吉肯达圣林由 11 处独立的林地组成,这些林地沿海岸分布,绵延 200 多千米,其中有米吉肯达人修建的不计其数的防御性村镇(被称为 Kayas)。米吉肯达圣林建成于 16 世纪,但在 20 世纪 40 年代被废弃,目前被人们视为神圣的祖先住所,作为圣地受到保护,并因此得到长老委员会的维护。由于该处遗址独特地展现了文化传统，并与仍在延续的传统有着直接联系，因而被列入《世界遗产名录》。

外文名称：Sacred Mijikenda Kaya Forests

遗产类别：世界文化遗产

批准时间：2008

符合标准：(iii)(v)(vi)

蒙巴萨的耶稣堡

世界遗产委员会评价：蒙巴萨的耶稣堡在 1593—1596 年间由葡萄牙人修建而成，用于保护蒙巴萨港口。该城堡由乔瓦尼·巴蒂斯塔·凯拉迪 (Giovanni Battista Cairati)设计，是 16 世纪葡萄牙军事要塞建筑中最出色的作品之一，代表着此类建筑物历史上的一个里程碑，受到了良好的保护。城堡的设计布局与形式体现了文艺复兴的理想，即采用同样可以在人体比例中找到的那种完美和谐的比例与几何构图。这一遗产占地 2.36 公顷，包括护城河及周围的附属部分。

外文名称：Fort Jesus，Mombasa

遗产类别：世界文化遗产

批准时间：2011

符合标准：(ii)(v)

埃 及

首都：开罗

伙伴关系：全面战略伙伴关系(2014)

"一带一路"项目：埃及输电线路项目，埃及苏伊士经贸合作区。

世界文化遗产：孟菲斯及其墓地金字塔，开罗古城，阿布辛拜勒至菲莱的努比亚遗址，圣卡特琳娜地区，底比斯古城及其墓地，阿布米那基督教遗址，共 6 处。

孟菲斯及其墓地金字塔

孟菲斯曾是古埃及的都城，已有 5000 年历史。金字塔位于距孟菲斯 8 公里处。

世界遗产委员会评价：孟菲斯及其墓地金字塔坐落在古埃及王国首都的周围，包括岩石墓、石雕墓、庙宇和金字塔，被认为是古代世界七大奇迹之一。

外文名称：Memphis and its Necropolis-the Pyramid Fields from Giza to Dahshur

遗产类别：世界文化遗产

批准时间：1979

符合标准：(i)(iii)(vi)

开罗古城

世界遗产委员会评价：开罗是世界上最古老的伊斯兰城市之一，隐没在现代城区中，有着著名的清真寺、伊斯兰学校、土耳其浴室及喷泉。开罗建于 10 世纪，后成为伊斯兰世界的新中心，于 14 世纪达到鼎盛。

外文名称：Historic Cairo

遗产类别：世界文化遗产

批准时间：1979

符合标准：(i)(v)(vi)

阿布辛拜勒至菲莱的努比亚遗址

世界遗产委员会评价：阿布辛拜勒至菲莱的努比亚遗址这一重要区域有

大量极具考古价值的宏伟古迹，包括阿布辛拜勒（Abu Simbel）的拉美西斯二世神庙（Temples of Ramses II）和菲莱（Philae）的伊希斯女神圣殿（Sanctuary of Isis）。这些古迹在 1960—1980 年间曾险遭尼罗河涨水毁坏，多亏联合国教科文组织发起的国际运动才最终幸免于难。

外文名称：Nubian Monuments from Abu Simbel to Philae

遗产类别：世界文化遗产

批准时间：1979

符合标准：(i)(iii)(vi)

圣卡特琳娜地区

世界遗产委员会评价：圣卡特琳娜正统修道院坐落在何烈山（Mount Horeb）脚下，就是基督教《旧约全书》记载摩西接受"律法石板"的地方。这座山以"杰别尔-穆萨"之名在穆斯林中非常著名，广受尊敬。这个地区是包括基督教、伊斯兰教和犹太教在内的三大宗教共同的圣地。修道院始建于 6 世纪，是世界上仍在使用的最古老修道院。修道院的墙体和房屋对拜占庭式建筑风格研究具有很重要的意义。修道院内有大量杰出的收藏，包括早期基督教手稿和圣像。修道院所在的地区，山峦高峻，蕴藏着无数的考古遗迹和宗教古迹，给修道院提供了优美的环境。

外文名称：Saint Catherine Area

遗产类别：世界文化遗产

批准时间：2002

符合标准：(i)(iii)(iv)(vi)

吉布提

◎ **首都**：吉布提市

🤝 **伙伴关系**：战略伙伴关系（2017）

🏗 **"一带一路"项目**：亚吉铁路，中国人民解放军驻吉布提保障基地，吉布提多哈雷多功能港。

突尼斯

◎ **首都**：突尼斯市

🤝 **伙伴关系**：战略伙伴关系（2014）

🏗 **"一带一路"项目**：中国文化中心。

◈ **世界文化遗产**：沙格镇，突尼斯的阿拉伯人聚居区，杰姆的圆形竞技场，迦太基的考古遗迹，苏塞古城，凯鲁万，科克瓦尼布尼城及其陵园，共7处。

沙格镇

沙格是突尼斯城的首府所在地。遗址包括一组气势恢宏的建筑群，展现了不同文化之间的奇妙组合:努米底亚文化、古迦太基文化、希腊文化及罗马文化等。沙格遗址保存了古代城市各个组成部分的遗迹,是当地城市最好的范例。

世界遗产委员会评价:沙格镇坐落在一处高地上,俯瞰肥沃的平原。在罗马合并努米底亚之前,沙格镇是强盛的利西亚-迦太基人国家的首都。沙格在罗马和拜占庭统治时期繁盛起来,随后在伊斯兰统治时期逐步衰落。我们今天所能看到的该处遗址在一定程度上反映了处在帝国边缘上的罗马小镇的风貌。

外文名称: Dougga / Thugga

遗产类别:世界文化遗产

批准时间:1997

符合标准:(ii)(iii)

突尼斯的阿拉伯人聚居区

世界遗产委员会评价:12—16世纪,突尼斯处在阿尔摩哈维斯和哈斯底斯王朝的统治下,是当时伊斯兰世界中最强大、最富庶的城市之一。宫殿、清真寺、陵墓、伊斯兰学校和喷泉等700多处标志性建筑展示着它昔日的辉煌。

外文名称: Medina of Tunis

遗产类别:世界文化遗产

批准时间:1979

符合标准:(ii)(iii)(v)

坦桑尼亚

◉ 首都:多多马

伙伴关系：互利共赢的全面合作伙伴关系。

"一带一路"项目：坦赞铁路。

世界文化遗产：基尔瓦基斯瓦尼遗址和松戈马拉遗址，恩戈罗恩戈罗自然保护区，孔多阿岩画遗址，桑给巴尔石头城，共 4 处。

基尔瓦基斯瓦尼遗址和松戈马拉遗址

世界遗产委员会评价：在海岸边的两个小岛上，保存着两个被早期欧洲探险家所称颂的伟大的东非港口。13—16 世纪，基尔瓦的商人从事黄金、白银、珍珠、香水、阿拉伯陶器、波斯土陶及中国瓷器的贸易，许多印度洋上的贸易是由他们经手的。

外文名称：Ruins of Kilwa Kisiwani and Ruins of Songo Mnara

遗产类别：世界文化遗产

批准时间：1981

符合标准：(iii)

其他信息：濒危 2004

恩戈罗恩戈罗自然保护区

恩戈罗恩戈罗自然保护区曾发掘出距今 125 万年的东非人头骨化石、距今 190 万年的古人类残骸化石，以及动物远祖的化石，具有珍贵的科学价值。

恩戈罗恩戈罗火山口周围山势险峻，林木葱茂，水源丰盛，适宜野生动物繁衍栖息。该区的动物名录看上去就像一份非洲野生动物的目录，有角马、斑马、瞪羚、水牛、非洲旋角大羚羊和疣猪，还有长颈鹿、狮子、大象和黑犀牛。每当春天来临之际，几百万只火烈鸟（红鹳）聚集在火山口底部的咸水湖上，火烈鸟与火山口内生长的各种花卉、植物交相辉映。火山口内还有众多花卉，百合花、菖兰花、矮牵牛、雏菊、羽扁豆、三叶草竞相开放，万紫千红，景色迷人。

世界遗产委员会评价：巨大完整的恩戈罗恩戈罗火山口是野生动物出没

的地方。在其附近是注满了深水的恩帕卡艾火山口和盖伦活火山。在距此不远的奥杜瓦伊山谷进行的挖掘,发现了人类远祖之一的哈比利斯人。

外文名称:Ngorongoro Conservation Area

遗产类别:世界自然与文化遗产

批准时间:1979(2010 年扩展范围)

符合标准:(iv)(vii)(viii)(ix)(x)

孔 多 阿 岩 画 遗 址

世界遗产委员会评价:孔多阿岩画遗址位于马塞陡坡的东方斜面上,毗邻东非大裂谷,是一处自然的岩石庇护所。该地突出的沉积岩地层由地壳断层所分割,而那些垂直的平面则在近 2000 年来成为岩石绘画的区域。在面积超过 2336 平方千米的范围内,现已发现 150 多处具有孔多阿特征的岩画群,其中有大量高品质、高艺术性、系列化的岩画,系统性地记录了孔多阿人从采猎饮食生活走向农牧经济的轨迹。部分岩画群被推测与居民的生活信仰、祭典传统和宇宙观相关。

外文名称:Kondoa Rock-Art Sites

遗产类别:世界文化遗产

批准时间:2006

符合标准:(iii)(vi)

独联体7国

俄罗斯、白俄罗斯、乌克兰、格鲁吉亚、阿塞拜疆、
亚美尼亚、摩尔多瓦

俄罗斯

📍 **首都**：莫斯科

🤝 **伙伴关系**：全面战略协作伙伴关系（2011）

🏗️ **"一带一路"项目**：莫斯科—喀山高铁，中欧班列（武汉—莫斯科），中欧班列（石河子—车里雅宾斯克），中欧班列（厦门—莫斯科），中俄东线天然气管道项目，阿穆尔天然气加工厂，俄罗斯乌苏里斯克经贸合作区，中俄（滨海边疆区）农业产业合作区，俄罗斯龙跃林业经贸合作区。

🔖 **世界文化遗产**：岛村斯维亚日斯克圣母升天大教堂与修道院，莫斯科克里姆林宫和红场，索洛维茨基群岛的历史建筑群，库尔斯沙嘴（与立陶宛共享），弗拉基米尔和苏兹达尔历史遗迹，德尔本特城堡、古城及要塞，博尔格尔历史和考古遗址，诺夫哥罗德及其周围的历史古迹，科罗缅斯克的耶稣升天教堂，喀山克里姆林宫的历史建筑群，新圣女修道院，圣彼得堡历史中心及其相关古迹群，基日岛的木结构教堂，斯特鲁维地理探测弧线-俄罗斯（10国共享），谢尔吉圣三一大修道院，费拉邦多夫修道院遗址群，雅罗斯拉夫尔城的历史中心，共17处。

岛 村 斯 维 亚 日 斯 克 圣 母 升 天 大 教 堂 与 修 道 院

世界遗产委员会评价：圣母升天大教堂位于岛村斯维亚日斯克的一所同名修道院中。斯维亚日斯克位于伏尔加河、斯维亚加河和希舒卡河的交汇处，丝绸之路与伏尔加的十字路口。伊凡四世于1551年建造了这座城市，也正是在这里打响了他征服喀山的前哨战。这座圣母升天修道院因其位置、建筑布局，以及沙皇伊凡四世为扩张莫斯科公国开展的政治与传教计划而闻名于世。大教堂内的壁画是东正教壁画中极其罕见的作品。

外文名称：Assumption Cathedral and Monastery of the Town-island of Sviyazhsk

遗产类别：世界文化遗产

批准时间：2017

符合标准：(ii)(iv)

莫斯科克里姆林宫和红场

从 13 世纪起,克里姆林宫就与俄罗斯的所有重大政治事件有关,它见证了俄罗斯从一个莫斯科大公国发展至今日横跨欧亚大陆的强国的全部历史。克里姆林宫的建筑形式融合了拜占庭、俄罗斯、巴洛克、希腊和罗马等不同的建筑风格。

世界遗产委员会评价：由俄罗斯和外国建筑家于 14—17 世纪共同修建的克里姆林宫,作为沙皇的住宅和宗教中心,与 13 世纪以来俄罗斯所有最重要的历史事件和政治事件密不可分。坐落在红场防御城墙脚下的圣瓦西里教堂是俄罗斯传统艺术最漂亮的代表作之一。

外文名称：Kremlin and Red Square，Moscow

遗产类别：世界文化遗产

批准时间：1990

符合标准：(i)(ii)(iv)(vi)

索洛维茨基群岛的历史建筑群

索洛维茨基群岛离北极圈不远,在寒冷的白海中,这里的一切都令人惊奇:像谜一般的新石器时期的建筑物建于公元前 2000—公元 1000 年,著名的索洛维茨基修道院拥有独特的工程建筑及无与伦比的自然风光。

世界遗产委员会评价：索洛维茨基群岛是由位于白海西部的 6 个岛屿组成的,占地约 300 平方千米。在这里,人类生存的重要痕迹可以追溯到公元前 3000 年,而且考古证明公元前 5 世纪就有人居住于此。从公元前 5 世纪始,这个群岛就是热衷于宗教的修道士的活动场所。于 16—19 世纪兴建的许多教堂至今保存完好。

外文名称：Cultural and Historic Ensemble of the Solovetsky Islands

遗产类别：世界文化遗产

批准时间：1992

符合标准：(iv)

库尔斯沙嘴（与立陶宛共享）

世界遗产委员会评价：库尔斯沙嘴这个延伸出来的沙丘半岛长约 98 千米,宽 0.4—4 千米,史前时代就有人类居住。自古以来,这里受到海风、潮汐等自然力量的威胁,一代又一代人不断地开展造林固沙工程,与自然的侵蚀进行搏斗,使遗址如今得以存在。

外文名称：Curonian Spit

遗产类别：世界文化遗产

批准时间：2000

符合标准：(v)

弗拉基米尔和苏兹达尔历史遗迹

世界遗产委员会评价：弗拉基米尔和苏兹达尔这 2 座位于俄罗斯中部的艺术中心在俄罗斯建筑史上占据重要的位置。这里有许多修建于 12 世纪和 13 世纪的宏伟公共设施及宗教建筑,其中最为有名的是圣德米特洛的学院教堂和维尔京的圣母升天大教堂这 2 个杰作。

外文名称：White Monuments of Vladimir and Suzdal

遗产类别：世界文化遗产

批准时间：1992

符合标准：(i)(ii)(iv)

德尔本特城堡、古城及要塞

世界遗产委员会评价：德尔本特城堡、古城及要塞是一度称霸里海东西两岸的撒撒尼波斯帝国的北方国界。该要塞以石头筑成，由海岸上至高山，有两道平行墙作为屏障。德尔本特城建于两墙之内，保留了其中世纪的部分建筑风格。该遗址直至19世纪仍具有十分重要的战略地位。

外文名称：Citadel，Ancient City and Fortress Buildings of Derbent

遗产类别：世界文化遗产

入选时间：2003

符合标准：(iii)(iv)

博尔格尔历史和考古遗址

世界遗产委员会评价：博尔格尔的历史建筑及考古遗址坐落于伏尔加河河畔，鞑靼斯坦共和国首府喀山的南部，是中世纪城市博尔格尔历史和文化的最佳见证，为早期伏尔加-保加尔人的定居点。

中世纪古老城市博尔格尔存在于7—15世纪，为13世纪金帐汗国的第一个首都。博尔格尔代表着几个世纪以来欧亚大陆历史文化的交流和传播，在文明、风俗和文化传统的形成中起到了关键作用。这些历史遗产为历史的延续和文化的多样性提供了重要的证据，同时也是922年伏尔加-保加尔人接受伊斯兰文化的象征，目前依然是鞑靼斯坦穆斯林的朝圣之地。

外文名称：Bolgar Historical and Archaeological Complex

遗产类别：世界文化遗产

入选时间：2014

符合标准：(ii)(iv)

诺夫哥罗德及其周围的历史古迹

诺夫哥罗德是杰出的文化中心、俄罗斯石制民族建筑的发源地和最早的国家绘画学院所在地,对中世纪俄罗斯的艺术发展产生了深远的影响。

世界遗产委员会评价:诺夫哥罗德是中亚通往北欧的古代贸易要道,也是 9 世纪时俄罗斯的第一个首都。由于拥有众多的教堂和修道院,诺夫哥罗德成为东正教的牧师中心和俄罗斯的建筑中心。它的中世纪遗址群及 14 世纪希腊狄奥凡(安德烈·鲁比洛夫的老师)的壁画,描述了这座城市的著名建筑的发展史及文化创造力。

外文名称:Historic Monuments of Novgorod and Surroundings
遗产类别:世界文化遗产
批准时间:1992
符合标准:(ii)(iv)(vi)

科罗缅斯克的耶稣升天教堂

世界遗产委员会评价:1532 年,为庆祝一位王子(后来他成为沙皇伊万四世)的诞生,莫斯科附近的科罗缅斯克皇家地产上修建起了这座耶稣升天教堂。这是最早修建的下面是砖石结构、上面是木屋顶的传统教堂之一,对俄罗斯教会建筑风格的发展产生了极大影响。

外文名称:Church of the Ascension,Kolomenskoye
遗产类别:世界文化遗产
批准时间:1994
符合标准:(ii)

喀山克里姆林宫的历史建筑群

喀山、莫斯科与圣彼得堡是俄罗斯 3 座 A 级历史文化城市。苏尤姆别卡尖塔在整个遗址群中最为醒目,它是人类建筑史上的璀璨瑰宝,是喀山历史的精神象征和荣誉标志。

世界遗产委员会评价:建在古老遗址上的喀山克里姆林宫可追溯到黄金游牧部落和喀山可汗的穆斯林时代,因 1552 年被伊凡四世征服而成为伏尔加基督教区。喀山克里姆林宫是俄罗斯唯一保存下来的鞑靼人要塞和重要的朝圣地。在这里,16—19世纪美轮美奂的历史建筑群与10—16世纪的早期建筑得到了绝妙结合。

外文名称:Historic and Architectural Complex of the Kazan Kremlin

遗产类别:世界文化遗产

批准时间:2000

符合标准:(ii)(iii)(iv)

新圣女修道院

世界遗产委员会评价:新圣女修道院坐落于莫斯科的西南面,建于16—17世纪,是莫斯科市纳入防御体系的一系列修道院建筑的一部分。该修道院与俄罗斯的政治、文化和宗教历史直接相关,同莫斯科的克里姆林宫紧密相连,供沙皇家族及贵族妇女使用。沙皇家族的成员也被埋在修道院的墓场。该修道院的内部装饰华丽,收集了重要的绘画艺术品,是俄罗斯最高建筑成就的典范。

外文名称:Ensemble of the Novodevichy Convent

遗产类别:世界文化遗产

批准时间:2004

符合标准:(i)(iv)(vi)

圣彼得堡历史中心及其相关古迹群

世界遗产委员会评价:被称为"北方的威尼斯"的圣彼得堡,以其无数的河道和400多座桥梁而闻名于世,这就是在彼得大帝统治下于1703年开始实施的宏大城市规划的一个重要成果。此地曾改名为列宁格勒(苏联时期),而且与十月革命密切相关。它的建筑遗产与巴洛克式建筑风格和纯古典式建筑风格极其和谐,如同我们在海军部、冬宫、大理石宫及爱尔米塔什博物馆所见到的那样。

外文名称:Historic Centre of Saint Petersburg and Related Groups of Monuments

遗产类别：世界文化遗产

批准时间：1990

符合标准：（i）（ii）（iv）（vi）

基日岛的木结构教堂

世界遗产委员会评价：基日乡村教堂坐落在卡累利阿的奥涅加湖中的一个小岛上。那里还有 2 座 18 世纪的木结构教堂，以及 1 座建于 1862 年的木制八韵角钟楼。这些非同寻常的建筑，不仅和周围的景观极其协调，其木工工艺的科学性也展现出了梦幻般的视觉效果，并使这一古代教区得以永存。

外文名称：Kizhi Pogost

遗产类别：世界文化遗产

批准时间：1990

符合标准：（i）（iv）（v）

白俄罗斯

◎ **首都**：明斯克

🤝 **伙伴关系**：相互信任、合作共赢的全面战略伙伴关系（2013）

🏗 **"一带一路"项目**：白俄罗斯中白工业园。

◎ **世界文化遗产**：米尔城堡群，涅斯维日的拉济维乌家族城堡建筑群，斯特鲁维地理探测弧线-白俄罗斯（10 国共享），共 3 处。

米尔城堡群

米尔城堡位于白俄罗斯首都明斯克,是中欧城堡建筑的杰出典范,融合了各阶段的艺术风格(哥特式文化、巴洛克式文化、文艺复兴式文化),因而是一处非凡的历史性遗迹。

世界遗产委员会评价:米尔城堡于 15 世纪末动工建设,属于哥特式风格,后来在文艺复兴时期及其后的巴洛克风格盛行时期得到不断扩建和重建。城堡曾被遗弃了近一个世纪,后又在拿破仑一世时期受到严重破坏,但最终于 19 世纪末得到修复。在修复过程中,加入了许多其他要素,美化了周边景观,建成了一个公园。如今的面貌是其历经沧桑动荡的历史写照。

外文名称:Mir Castle Complex

遗产类别:世界文化遗产

批准时间:2000

符合标准:(ii)(iv)

涅斯维日的拉济维乌家族城堡建筑群

世界遗产委员会评价:涅斯维日的拉济维乌家族城堡建筑群位于白俄罗斯中部,由拉济维乌王朝(the Radziwill dynasty)从 16 世纪开始建造,到1939 年完工。拉济维乌王朝诞生了许多欧洲历史和文化领域的重要人物,由于他们的努力,涅斯维日在科学、艺术、工艺和建筑方面取得了巨大成就。建筑群包括寝宫、基督圣体教堂及相应的环境景观,宫殿内有 10 座相连的建筑,形成一个六边形庭院建筑体系。宫殿和基督圣体教堂这样意义非凡的建筑原型,显示了整个欧洲中部和俄罗斯的建筑发展情况。

外文名称:Architectural, Residential and Cultural Complex of the Radziwill Family at Nesvizh

遗产类别:世界文化遗产

批准时间:2005

符合标准:(ii)(iv)(vi)

乌克兰

◎ **首都**：基辅

🤝 **伙伴关系**：战略伙伴关系(2013)

◎ **世界文化遗产**：基辅-圣•索菲娅教堂和佩乔尔斯克修道院，里沃夫历史中心，在波兰和乌克兰边境处的喀尔巴阡山地区的木结构教堂，斯特鲁维地理探测弧线-乌克兰(10国共享)，布科维纳与达尔马提亚的城市民居，陶瑞克-切森尼斯古城，共6处。

基 辅-圣 • 索 菲 娅 教 堂 和 佩 乔 尔 斯 克 修 道 院

圣•索菲娅教堂是基辅最伟大的标志，也是传统的东正教的主要避难所之一。

世界遗产委员会评价：基辅的圣•索菲娅教堂的设计可与君士坦丁堡的圣•索菲娅教堂媲美，象征着"新君士坦丁堡"的建筑风格。基辅建于11世纪，是基辅基督公国的首都。这一地区于988年经圣•法拉蒂米尔洗礼后被基督化。基辅-佩乔尔斯克-拉夫拉修道院在精神和文化上的影响对东正教17—19世纪在俄罗斯的传播做出了贡献。

外文名称：Kiev：Saint-Sophia Cathedral and Related Monastic Buildings，Kiev-Pechersk Lavra

遗产类别：世界文化遗产

批准时间：1990

符合标准：(i)(ii)(iii)(iv)

里 沃 夫 历 史 中 心

1900 年建成的里沃夫歌剧与芭蕾舞剧院是里沃夫的标志。

世界遗产委员会评价:里沃夫历史中心建于中世纪后期,作为政治、宗教和商业中心繁荣了好几个世纪。中世纪的城市地形被其完好无缺地保存下来,成为不同民族在此居住的证据。里沃夫的城市建筑是东欧、意大利、德国建筑和艺术融合的代表,这里还有许多精巧的巴洛克风格建筑及其后的建筑。

外文名称:L'viv—the Ensemble of the Historic Centre

遗产类别:世界文化遗产

批准时间:1998

符合标准:(ⅱ)(ⅴ)

格鲁吉亚

◎ **首都:**第比利斯

◎ **世界文化遗产:**上斯瓦涅季,姆茨赫塔古城,巴格拉特大教堂及格拉特修道院,共 3 处。

上 斯 瓦 涅 季

世界遗产委员会评价:地处高加索的上斯瓦涅季是格鲁吉亚独特的建在中世纪乡村又保持塔楼风格的民居风景区,由于其长期与世隔绝而得以完整保存下来。查泽夏村(Chazhashi)至今仍保存着 200 多幢古朴原始的民宅,这些房屋曾起着村民住所和抵御外敌入侵的防卫哨所及要塞的双重作用。

外文名称：Upper Svaneti

遗产类别：世界文化遗产

批准时间：1996

符合标准：(iv)(v)

阿塞拜疆

◎ **首都**：巴库

◎ **世界文化遗产**：戈布斯坦岩石艺术文化景观，城墙围绕的巴库城及其希尔凡王宫和少女塔，共 2 处。

戈布斯坦岩石艺术文化景观

世界遗产委员会评价：戈布斯坦岩石艺术文化景观包括 3 个部分，位于阿塞拜疆中部荒漠地区横空突起的岩石高原。这里保存着近 6000 幅精美雕刻，让人们看到了 4000 年前的岩石艺术。这里还发现了居住地和墓葬的遗存，表明人类在第四纪冰期之后的湿润时期曾经在此地大量定居，时间从旧石器时代早期一直延续到中世纪。此处遗产占地 537 公顷，是范围更大的戈布斯坦保护区的一部分。

外文名称：Gobustan Rock Art Cultural Landscape

遗产类别：世界文化遗产

批准时间：2007

符合标准：(iii)

亚美尼亚

⊙ **首都**：埃里温

◎ **世界文化遗产**：格加尔德修道院和上阿扎特山谷，埃奇米河津教堂与兹瓦尔特诺茨考古遗址，哈格帕特修道院和萨那欣修道院，共 3 处。

格加尔德修道院和上阿扎特山谷

世界遗产委员会评价：格加尔德修道院由许多教堂和坟墓组成，大部分建筑物都矗立在岩石之中，是亚美尼亚中世纪建筑的巅峰之作。这些中世纪建筑群周围环绕的便是阿扎特山谷（the Azat Valley）入口处的悬崖绝壁，与美丽的自然景观浑然一体。

外文名称：Monastery of Geghard and the Upper Azat Valley

遗产类别：世界文化遗产

批准时间：2000

符合标准：(ii)

摩尔多瓦

⊙ **首都**：基希讷乌

世界文化遗产：斯特鲁维地理探测弧线-摩尔多瓦（10 国共享），共 1 处。

斯特鲁维地理探测弧线-摩尔多瓦（10 国共享）

斯特鲁维地理探测弧线是白俄罗斯、爱沙尼亚、芬兰、拉脱维亚、立陶宛、挪威、摩尔多瓦、俄罗斯、瑞典和乌克兰这 10 个国家共同拥有的一项世界遗产。

世界遗产委员会评价：斯特鲁维地理探测弧线是一条三角测量链，穿越 10 个国家，长 2820 千米。弧线是天文学家弗里德里希·格奥尔格·威廉·斯特鲁维（Friedrich Georg Wilhelm Struve）于 1816—1855 年间进行测量的测量点，代表着人类首次对子午线长度的精确测量。这一测量帮助人类掌握了地球的确切大小和形状，是地球科学和地形绘图学发展中的重要一步。这条弧线不仅是多国科学家通力合作的一个特例，也是多国领导人为科学事业联袂协作的一个特例。原始弧线包含 258 个主要三角形和 265 个测量站点，列入世界遗产名录的弧线有 34 个原始测量站点，带有各种不同标记，如岩石钻孔、铁十字、堆石标或方尖石碑。

外文名称：Struve Geodetic Arc
遗产类别：世界文化遗产
批准时间：2005
符合标准：(ii)(iii)(vi)

中东欧 16 国

匈牙利、塞尔维亚、捷克、波兰、罗马尼亚、保加利亚、克罗地亚、
阿尔巴尼亚、立陶宛、爱沙尼亚、拉脱维亚、斯洛伐克、
斯洛文尼亚、波斯尼亚和黑塞哥维那、黑山、马其顿

匈牙利

◎ **首都**：布达佩斯

🤝 **伙伴关系**：全面战略伙伴关系（2017）

🏗 **"一带一路"项目**：匈塞铁路，匈牙利中欧商贸物流园，中匈宝思德经贸合作区。

◉ **世界文化遗产**：布达佩斯（多瑙河两岸、布达城堡区和安德拉什大街），新锡德尔湖与费尔特湖地区文化景观（与奥地利共享），霍尔托巴吉国家公园，潘诺恩哈尔姆千年修道院及其自然环境，托卡伊葡萄酒产地历史文化景观，霍洛克古村落及其周边，佩奇的早期基督教陵墓，阿格泰列克洞穴和斯洛伐克喀斯特地貌（与斯洛伐克共享），共 8 处。

布达佩斯（多瑙河两岸、布达城堡区和安德拉什大街）

布达佩斯是匈牙利的首都，位于风景如画的多瑙河两岸，有"东欧巴黎"和"多瑙河明珠"的美誉，也被认为是东欧一个重要的中继站。

世界遗产委员会评价：布达佩斯保留有诸如阿昆库姆罗马城和哥特式布达城堡等遗迹，这些遗迹受到多个时期建筑风格的影响，是城市景观中的杰出典范之一，而且显示了匈牙利都城在历史上各伟大时期的风貌。

外文名称：Budapest, Including the Banks of the Danube, the Buda Castle Quarter and Andrássy Avenue

遗产类别：世界文化遗产

批准时间：1987（2002 年扩展范围）

符合标准：(ii)(iv)

新锡德尔湖与费尔特湖地区文化景观(与奥地利共享)

新锡德尔湖,匈牙利名"费尔特湖",在奥地利和匈牙利边境,是欧洲内陆最大的平原湖。

世界遗产委员会评价:新锡德尔湖与费尔特湖地区 8000 年以来一直是多种文化的汇集地,其风格迥异的景观生动地体现了这一点,这也是人类活动和自然环境相互作用的结果。湖区周围奇异的乡村建筑和几座 18—19 世纪的宫殿为该地区增添了浓厚的文化色彩。

外文名称:Fertö / Neusiedlersee Cultural Landscape

遗产类别:世界文化遗产

批准时间:2001

符合标准:(v)

霍尔托巴吉国家公园

世界遗产委员会评价:霍尔托巴吉国家公园是匈牙利东部一片面积辽阔的草原和湿地。传统的土地利用方式,例如家畜牧养,在这里的游牧民族中保持了 2000 多年。

外文名称:Hortobágy National Park-the Puszta

遗产类别:世界文化遗产

批准时间:1999

符合标准:(iv)(v)

潘诺恩哈尔姆千年修道院及其自然环境

世界遗产委员会评价:潘诺恩哈尔姆的第一座修道院建于 996 年,之后为了教化匈牙利人,又建立了第一所国家学校,且在 1055 年撰写了第一份匈牙利文档案。自创建之日起,这个修士团体便在促进中欧文化的发展。它1000 年的历史可以从修道院建筑风格的连续性上看出来(最后的建筑于

1224 年完成),今天它仍然是学校和修士团体的屋宇。

外文名称:Millenary Benedictine Abbey of Pannonhalma and its Natural Environment

遗产类别:世界文化遗产

批准时间:1996

符合标准:(iv)(vi)

托 卡 伊 葡 萄 酒 产 地 历 史 文 化 景 观

托卡伊奥苏葡萄酒甜润醇美、晶莹剔透,是匈牙利的国酒。

世界遗产委员会评价:托卡伊葡萄酒产地历史文化景观生动地表现了该地区低山河谷地带历史悠久的葡萄酒酿造传统。葡萄园体系繁杂庞大,包括葡萄园、农场、村庄、小城镇,还有历史上遗留下来的网络般的地下酒窖,显示了著名的托卡伊葡萄酒的各个酿造过程,近 3 个世纪以来其质量和生产都受到严格的管理和控制。

外文名称:Tokaj Wine Region Historic Cultural Landscape

遗产类别:世界文化遗产

批准时间:2002

符合标准:(iii)(v)

塞 尔 维 亚

首都:贝尔格莱德

伙伴关系:全面战略伙伴关系(2016)

"一带一路"项目:匈塞铁路,泽蒙-博尔察大桥,斯梅代雷沃钢厂。

◎ **世界文化遗产**：斯图德尼察修道院，科索沃中世纪古迹，贾姆济格勒-罗慕利亚纳的加莱里乌斯宫，斯塔里斯和索泼查尼修道院，斯特茨中世纪墓地（与波黑、克罗地亚、黑山共享），共 5 处。

斯图德尼察修道院

世界遗产委员会评价：斯图德尼察修道院创建于 12 世纪晚期，由中世纪塞尔维亚共和国的创建者斯特凡·纳曼亚大公在退位不久之后创建。这个修道院是塞尔维亚地区最大、最富有的传统修道院。

修道院中的 2 座主要纪念碑、圣母大教堂及国王大教堂均采用白色大理石建造而成，同时这些建筑物中还收藏了 13 世纪和 14 世纪时期的拜占庭艺术绘画，这些绘画都是无价之宝。

外文名称：Studenica Monastery

遗产类别：世界文化遗产

批准时间：1986

符合标准：(i)(ii)(iv)(vi)

科索沃中世纪古迹

世界遗产委员会评价：科索沃中世纪古迹有 4 个组成部分，体现了拜占庭和罗马教会文化鼎盛时期的情景，这种文化于 13—17 世纪间在巴尔干半岛发展起来，其壁画具有独特的风格。佩奇修道院主教管辖区位于佩奇市郊，它包括一组由 4 座带圆屋顶、墙上都绘有壁画的教堂组成的建筑群。圣·阿皮特勒教堂 13 世纪的壁画反映出无与伦比的壁画风格。而圣母教堂 14 世纪初期的壁画则标志着一种新风格的出现，即帕莱奥洛格·德比藏斯文艺复兴时期的风格，它将东方正统观念与西方罗马画法融为一体。这种壁画风格在巴尔干半岛艺术发展史上曾经发挥了决定性作用。

外文名称：Medieval Monuments in Kosovo

遗产类别：世界文化遗产

批准时间：2004

符合标准：(ii)(iv)

其他信息：濒危 2006

捷　克

◎ **首都**：布拉格

🤝 **伙伴关系**：战略伙伴关系(2016)

🏗 **"一带一路"项目**：中医中心，帕索拉夫基水疗娱乐项目。

◎ **世界文化遗产**：布拉格历史中心，克鲁姆洛夫历史中心，利托米什尔城堡，克罗麦里兹花园和城堡，奥洛穆茨三位一体圣柱，霍拉索维采古村保护区，泰尔奇历史中心，特热比奇犹太社区及圣普罗科皮乌斯大教堂，库特纳霍拉历史名城中心的圣巴拉巴教堂及塞德莱茨的圣母玛利亚大教堂，莱德尼采-瓦尔季采文化景观，泽莱纳山的内波穆克圣约翰朝圣教堂，布尔诺的图根哈特别墅，共 12 处。

布 拉 格 历 史 中 心

布拉格建筑给人的整体上的观感是建筑顶部变化特别丰富，并且色彩极为绚丽夺目(红瓦黄墙)，因而布拉格拥有"千塔之城""金色城市"等美称。

世界遗产委员会评价：布拉格历史中心建立于 9 世纪，具有悠久的历史和特殊的地理位置，是西欧与斯拉夫世界之间进行交流的门户，还是早期许多条商路的交叉点。历史上的布拉格是艺术、贸易、宗教中心，现为国家首都。该中心建于 11—18 世纪之间，老城、外城和新城拥有如荷拉德卡尼城堡、圣比图斯大教堂、查理桥及数不胜数的教堂和宫殿等绚丽壮观的遗迹。布拉格在神圣罗马帝国查理四世的统治下达到了建设的鼎盛时期，自中世纪起就以其建筑和文化上的巨大影响而著称于世。

外文名称：Historic Centre of Prague

遗产类别：世界文化遗产

批准时间：1992

符合标准：(ii)(iv)(vi)

克鲁姆洛夫历史中心

世界遗产委员会评价：这个城镇位于瓦尔塔瓦河畔，围绕一座13世纪城堡而建。这座城堡融合了哥特式、文艺复兴式及巴洛克式风格。这是中世纪中欧小城的杰出典范，经历5个多世纪的和平发展，其建筑古迹被原封不动地保留了下来。

外文名称：Historic Centre of Český Krumlov

遗产类别：世界文化遗产

批准时间：1992

符合标准：(iv)

利托米什尔城堡

世界遗产委员会评价：利托米什尔城堡承袭了文艺复兴时期拱廊式城堡的建筑风格，这种最早成型于意大利的建筑风格，在16世纪的中欧被广泛采纳并得到充分发展。其图案和装潢，包括18世纪增添的鼎盛巴洛克式晚期的装饰物，都堪称极品，这座拱廊风貌的贵族宅邸及其附属建筑都被原封不动地保留了下来。

外文名称：Litomyšl Castle

遗产类别：世界文化遗产

批准时间：1999

符合标准：(ii)(iv)

克罗麦里兹花园和城堡

世界遗产委员会评价:克罗麦里兹坐落在横贯摩拉瓦河的一处浅滩上,位于占据了摩拉维亚中心位置的赫日比山山脚下。克罗麦里兹的花园和城堡为欧洲的巴洛克式王族宅邸及其配套花园提供了一个保存得完好无缺的稀世典范。

外文名称:Gardens and Castle at Kromeríz

遗产类别:世界文化遗产

批准时间:1998

符合标准:(ii)(iv)

奥洛穆茨三位一体圣柱

世界遗产委员会评价:奥洛穆茨三位一体圣柱建于18世纪早期,是中欧地区同类建筑中最杰出的典范。圣柱属于一种独特的地区建筑风格——奥洛穆茨巴洛克风格(Olomouc Baroque),高35米,柱身装饰了许多出自摩拉维亚艺术家昂德黑扎内(Ondrej Zahner)之手的精美宗教雕刻。

外文名称:Holy Trinity Column in Olomouc

遗产类别:世界文化遗产

批准时间:2000

符合标准:(i)(iv)

霍拉索维采古村保护区

世界遗产委员会评价:霍拉索维采是完好保存的中欧传统村落的一个罕见标本,拥有许多18世纪和19世纪的杰出本土建筑,采用了著名的"南波斯米亚民间巴洛克风格"(South Bohemian folk Baroque),另外保存有一张始自中世纪的珍贵平面图。

外文名称:Holašovice Historical Village Reservation

遗产类别：世界文化遗产

批准时间：1998

符合标准：(ii)(iv)

波 兰

◎ **首都**：华沙

🤝 **伙伴关系**：全面战略伙伴关系(2016)

🏗 **"一带一路"项目**：中欧班列(成都—罗兹)。

◎ **世界文化遗产**：克拉科夫历史中心，中世纪古镇托伦，博赫尼亚皇家盐矿，扎莫希奇古城，穆斯考尔公园(与德国共享)，前纳粹德国奥斯维辛-比克瑙集中营(1940—1945)，华沙历史中心，马尔堡的条顿骑士团城堡，南部小波兰木制教堂，波兰和乌克兰的喀尔巴阡地区的木制东正教堂，扎沃尔和思维得尼加的和平教堂，卡瓦利泽布日多夫斯津——自成一家的建筑景观朝圣园，弗罗茨瓦夫百年厅，塔尔诺夫斯克山铅银锌矿及其地下水管理系统，共14处。

克 拉 科 夫 历 史 中 心

克拉科夫是波兰最大的文化、科学、工业与旅游中心，被誉为波兰最美丽的城市。

世界遗产委员会评价：历史名城克拉科夫是波兰的前首都，坐落于华威尔皇家城堡的山脚下。这个13世纪的商业城镇拥有欧洲最大的露天市场和无数内部装潢华丽的历史建筑、宫殿及教堂。克拉科夫其他迷人的遗迹包括14世纪的要塞遗址，卡齐米日的中世纪遗址及其位于城南的古老犹太教堂、加杰劳尼大学和波兰国王的安息之地——哥特式大教堂。

外文名称：Historic Centre of Kraków

遗产类别：世界文化遗产

批准时间：1978

符合标准：(iv)

中世纪古镇托伦

托伦是波兰最为古老、最具魅力的城市之一。由于此地养育了一位闻名于世的伟大人物——哥白尼，所以人们又常称托伦为"哥白尼城"。

世界遗产委员会评价：托伦城的雏形形成于 13 世纪中期，当时，条顿骑士团在托伦修筑城堡，所以托伦成了征服普鲁士和感化普鲁士的基地。不久以后，托伦在中世纪的汉萨同盟中发挥了重要作用，成为重要的商业中心。现在城中还有许多 14 世纪和 15 世纪建造的公共建筑和私人建筑（包括哥白尼的故居），这一切充分显示了托伦在历史上的重要地位。

外文名称：Medieval Town of Toruń

遗产类别：世界文化遗产

批准时间：1997

符合标准：(ii)(iv)

博赫尼亚皇家盐矿

世界遗产委员会评价：博赫尼亚皇家盐矿包括全长约 300 千米的地下长廊，其中建有小教堂、仓库和其他设施，还包括以盐矿为材料建造的祭坛和神像雕刻，使这个 700 年之久的重要工业经营地成为吸引人的圣地。在漫长的岁月中，矿工们形成了把岩盐原料雕刻成各种物品的传统，地下教堂、圣坛、浮雕及数以百计的真人大小（甚至更大）的雕像都是他们的杰作。

外文名称：Wieliczka and Bochnia Royal Salt Mines

遗产类别：世界文化遗产

批准时间：1978（2008 年、2013 年扩展范围）

符合标准：(iv)

扎莫希奇古城

世界遗产委员会评价：16世纪，军事将领简·扎莫希奇建立了扎莫希奇古城。古城位于黑海地区连接西欧和北欧的商贸道路上。古城以意大利的"理想城市"理论为原型，由帕多瓦当地的建筑大师波南多·莫兰多设计建造，是16世纪晚期文艺复兴城镇的完美范例。扎莫希奇古城完美地保留了16世纪末具有文艺复兴时期风格城镇的最初风貌和要塞堡垒，与此同时，还保留了大量的、充分体现意大利与中欧建筑风格完美结合的建筑物。

外文名称：Old City of Zamosc
遗产类别：世界文化遗产
批准时间：1992
符合标准：(iv)

穆斯考尔公园（与德国共享）

世界遗产委员会评价：穆斯考尔公园是普克勒-穆斯考尔的赫尔曼大公在1815—1844年建造的景观公园，公园横跨尼斯河和波兰与德国的边境，面积约559.9公顷。这种将周围环境和景观天衣无缝地交织在一起的设计，开拓了一条新的景观设计之路，对欧洲和美洲的园林建筑发展产生了重要影响。

公园的设计是要创作一幅"植物画"，并不追求古典主义、尽善尽美，或某种迷失的完美，而是选用一些当地的植物来提升现有景观的内在品质。这种一体化景观通过绿色长廊一直延伸到穆斯考尔城内，成为划分发展区域的城市公园。整个城市也因此成了理想景观的一个设计元素。公园内还有一个重建的城堡、几座桥和一个植物园。

外文名称：Muskauer Park / Park Muzakowski
遗产类别：世界文化遗产
批准时间：2004
符合标准：(i)(iv)

前纳粹德国奥斯维辛-比克瑙集中营（1940—1945）

世界遗产委员会评价：这里壁垒森严，四周电网密布，设有哨所看台、绞刑架、毒气杀人室和焚尸炉，展现了纳粹德国在原奥斯维辛-比克瑙集中营即第三帝国最大的灭绝营中执行种族灭绝政策的状况。历史调查显示，有150万人（其中绝大部分是犹太人）在此被饿死惨遭严刑拷打和杀戮。奥斯维辛是20世纪人类对其同类进行残酷虐杀的见证。

外文名称：Auschwitz Birkenau German Nazi Concentration and Extermination Camp（1940—1945）

遗产类别：世界文化遗产

批准时间：1979

符合标准：（vi）

华沙历史中心

1945年"二战"结束后，华沙便按原样重建城市，战前市内900多座具有历史意义的建筑物几乎都进行了修复和整饬，昔日的宫殿、教堂、城堡等显得更加巍峨壮观，形成了独树一帜的华沙历史中心。华沙历史中心的重建，对大多数欧洲国家的城市化发展和旧城保护理论产生了极大影响。

世界遗产委员会评价：1944年8月华沙起义期间，华沙历史中心85％以上的建筑遭到纳粹部队的摧毁。"二战"之后，华沙人民用长达5年的时间重建古城，他们修建了教堂、宫殿和贸易场所。华沙的重生是13—20世纪建筑史上不可磨灭的一笔。

外文名称：Historic Centre of Warsaw

遗产类别：世界文化遗产

批准时间：1980

符合标准：（ii）（vi）

罗马尼亚

◎ **首都**：布加勒斯特

🤝 **伙伴关系**：全面友好合作伙伴关系（2004）

◎ **世界文化遗产**：苏切维察修道院的复活教堂，特兰西瓦尼亚村落及其设防的教堂，霍雷祖修道院，奥拉斯迪山的达亚恩城堡，锡吉什瓦拉历史中心，马拉暮莱斯的木结构教堂，共 6 处。

苏切维察修道院的复活教堂

世界遗产委员会评价：摩尔达维亚北部的这 7 座教堂在整个欧洲都是独一无二的，因为这些教堂外墙的壁画装饰全部是以湿壁画技法绘制的。这些 15—16 世纪受拜占庭艺术直接影响的壁画有系统地覆盖了教堂所有的建筑外墙。它也是唯一一座展示了圣约翰之天梯的教堂。

外文名称：Churches of Moldavia

遗产类别：世界文化遗产

批准时间：1993（2010 年扩展范围）

符合标准：(i)(iv)

保加利亚

◎ **首都**：索非亚

🤝 **伙伴关系**：全面友好合作伙伴关系（2014）

◉ **世界文化遗产**：内塞巴尔古城，伊凡诺沃岩洞教堂，博雅纳教堂，马达腊骑士崖雕，卡赞利克的色雷斯古墓，里拉修道院，斯韦什塔里的色雷斯人墓，共7处。

内塞巴尔古城

世界遗产委员会评价：内塞巴尔古城位于黑海沿岸一个由岩石组成的半岛上，3000多年前，这里是色雷斯人的聚落。公元前6世纪初，这里成了希腊殖民地。城市的遗迹大多可以追溯到古希腊时期，其中包括卫城、阿波罗神庙、广场和由色雷斯人建造的堡垒所剩下的一面墙。其他重要的古迹还包括中世纪时期建造的旧米特罗利亚教堂（Stara Mitropolia Basilica）和一些要塞，当时这里是黑海西岸最主要的拜占庭市镇之一。19世纪建造的木屋则体现了当时黑海地区典型的建筑特色。

外文名称：Ancient City of Nessebar

遗产类别：世界文化遗产

批准时间：1983

符合标准：(iii)(iv)

克罗地亚

◎ **首都**：萨格勒布

🤝 **伙伴关系**：全面合作伙伴关系（2005）

◎ **世界文化遗产**：史塔瑞格雷德平原，杜布罗夫尼克古城，斯普利特古建筑群及戴克里先宫殿，历史名城特罗吉尔，波雷奇历史中心的尤弗拉西苏斯大教堂建筑群，西贝尼克的圣詹姆斯大教堂，斯特茨中世纪墓地（与波黑、黑山、塞尔维亚共享），15—17世纪威尼斯共和国的防御工事——西方的陆地之国到海洋之国（与意大利、黑山共享），共8处。

史塔瑞格雷德平原

世界遗产委员会评价：史塔瑞格雷德平原是位于亚得里亚海赫瓦尔岛上的文化景观。公元前4世纪，来自帕洛斯岛的古希腊爱奥尼亚人首次将其占为殖民地。在这片肥沃的平原上，最初开展的农业活动主要是种植葡萄与橄榄，从古希腊时期直至今日始终如此。该处遗址同时也是一个自然保护区。这里的景观以古老的石墙与小型石砌居所为特色，展现了古希腊人所采用的几何学土地分割系统方法。历经24个世纪，这处景观依旧保存完好。

外文名称：Stari Grad Plain

遗产类别：世界文化遗产

批准时间：2008

符合标准：(ii)(iii)(v)

杜布罗夫尼克古城

世界遗产委员会评价：杜布罗夫尼克古城位于达尔马提亚海岸（Dalmatian coast），有"亚得里亚海明珠"之称，从13世纪开始就成为地中海的一支重要海上力量。虽然在1667年的地震中遭到严重损坏，杜布罗夫尼克仍保留了其美丽的哥特式、文艺复兴式和巴洛克式的教堂、修道院、宫殿、喷泉。20世纪90年代古城又在武装冲突中遭到损毁。现在联合国教科文组织以其为重点协调组织了一项重大修复计划，对其进行修复。

外文名称：Old City of Dubrovnik
遗产类别：世界文化遗产
批准时间：1979
符合标准：(i)(iii)(iv)
其他信息：濒危1994

阿尔巴尼亚

首都：地拉那

伙伴关系：传统合作伙伴关系（2009）

世界文化遗产：培拉特与吉洛卡斯特拉历史中心，布特林特，共2处。

培拉特与吉洛卡斯特拉历史中心

世界遗产委员会评价：培拉特与吉洛卡斯特拉历史中心是阿尔巴尼亚南

部城市,始建于 4 世纪,是阿尔巴尼亚最古老和最具特色的城市。培拉特位于阿尔巴尼亚中部,是一个少见的、保存完整的奥斯曼城市。几个世纪以来,培拉特见证了各种宗教和文化群体的和平共存。

外文名称:Historic Centres of Berat and Gjirokastra

遗产类别:世界文化遗产

批准时间:2005(2008 年扩展范围)

符合标准:(iii)(iv)

立陶宛

📍 **首都**:维尔纽斯

🏛 **世界文化遗产**:维尔纽斯历史中心,克拿维考古遗址,库尔斯沙嘴(与俄罗斯共享),斯特鲁维地理探测弧线-立陶宛(10 国共享),共 4 处。

维尔纽斯历史中心

世界遗产委员会评价:维尔纽斯是 13 世纪—18 世纪末期立陶宛大公国的政治中心,在文化和建筑发展上对许多东欧国家有着深远的影响。尽管遭到入侵和部分破坏,它仍然保留了哥特式、巴洛克式和古典的建筑及其中世纪的布局和自然景致,给人留下深刻的印象。

外文名称:Vilnius Historic Centre

遗产类别:世界文化遗产

批准时间:1994

符合标准:(ii)(iv)

爱沙尼亚

◎ **首都**：塔林

◎ **世界文化遗产**：塔林历史中心（老城），斯特鲁维地理探测弧线-爱沙尼亚（10 国共享），共 2 处。

塔林历史中心（老城）

世界遗产委员会评价：塔林的起源可追溯到 13 世纪，当时条顿骑士团的十字军骑士在这里建造了一座城堡，后来这里又发展成为汉萨同盟的主要中心。在后来的几个世纪，这里屡遭战火，但许多建筑还是较为完好地保留了下来，公共建筑（特别是教堂）之豪华，以及商店内部装潢之考究，充分展示了当时这里的繁荣和富裕。

外文名称：Historic Centre (Old Town) of Tallinn

遗产类别：世界文化遗产

批准时间：1997

符合标准：(ii)(iv)

拉脱维亚

◎ **首都**：里加

◎ **世界文化遗产**：里加历史中心，斯特鲁维地理探测弧线-拉脱维亚（10国共享），共 2 处。

里加历史中心

世界遗产委员会评价：里加是汉萨同盟的一个主要中心，它同中欧和东欧的贸易在 13—15 世纪一度非常繁荣。尽管大部分的早期建筑受到火灾和战争的破坏，但是中世纪中期的城市建筑仍然反映了这种繁荣。19 世纪里加成为重要的经济中心，中世纪城镇的市郊已经建成，风格从开始的古典木制建筑转入"新艺术"风格。里加被公认为欧洲最精美的"新艺术"建筑风格的中心。

外文名称：Historic Centre of Riga

遗产类别：世界文化遗产

批准时间：1997

符合标准：(i)(ii)

斯洛伐克

📍 **首都**：布拉迪斯拉发

◎ **世界文化遗产**：勒沃卡、斯皮思城堡及相关文化古迹,伏尔考林耐克,历史名城班斯卡·什佳夫尼察及其工程建筑区,巴尔代约夫镇保护区,喀尔巴阡山斯洛伐克段的原木教堂,共 5 处。

勒 沃 卡、斯 皮 思 城 堡 及 相 关 文 化 古 迹

世界遗产委员会评价：斯皮思城堡最早建于 1209 年,是斯洛伐克最大的城堡,当时是建在通往波罗的海的重要贸易通道上的一座皇家城堡。13 世纪的时候,斯皮思城堡曾被鞑靼人摧毁;15 世纪的时候,它又得到了重建;1780 年,城堡又被大火烧毁。如今,城堡留下的遗迹仍然让人印象深刻,哥特式的塔楼、教堂、地牢和罗马式的宫殿仍然让人叹为观止。

外文名称：Levoča, Spišský Hrad and the Associated Cultural Monuments

遗产类别：世界文化遗产

批准时间：1993(2009 年扩展范围)

符合标准：(iv)

斯洛文尼亚

◎ **首都**：卢布尔雅那

◎ **世界文化遗产**：水银遗产——阿尔马登与伊德里亚（与西班牙共享），阿尔卑斯地区史前湖岸木桩建筑（与奥地利、瑞士、法国、德国、意大利共享），共 2 处。

水银遗产——阿尔马登与伊德里亚（与西班牙共享）

世界遗产委员会评价：这一遗产包括阿尔马登和伊德里亚的水银采矿遗址。人们早在古代就已开始提取阿尔马登的汞矿，伊德里亚则是在 1490 年首次发现汞的存在。遗产的西班牙部分包括展现采矿历史的建筑物，如雷塔马尔城堡、宗教建筑和传统民居等。伊德里亚遗址以当地水银商店和基础设施，以及矿工宿舍、矿工剧院等为主要特点。这一遗产见证了水银的洲际贸易，以及数百年间在此基础上发展起来的欧洲与美洲重要交流史。这两处遗址是世界上两座最大的汞矿，对它们的开采一直延续到了现代。

外文名称：Heritage of Mercury：Almadén and Idrija

遗产类别：世界文化遗产

批准时间：2012

符合标准：(ii)(iv)

波斯尼亚和黑塞哥维那

◎ **首都**：萨拉热窝

◉ **世界文化遗产**：迈赫迈德·巴什·索科罗维奇的古桥，莫斯塔尔旧城和旧桥地区，斯特茨中世纪墓地（与克罗地亚、黑山、塞尔维亚共享），共3处。

迈赫迈德·巴什·索科罗维奇的古桥

世界遗产委员会评价：迈赫迈德·巴什·索科罗维奇的古桥横跨于波斯尼亚和黑塞哥维那东部的德里那河（Drina River）上，建于16世纪末，由宫廷建筑师米玛尔·科卡·思南在土耳其帝国的首相迈赫迈德·巴什·索科罗维奇的命令下建造。这是土耳其帝国纪念性建筑和土木工程的巅峰之作。大桥共有11个石拱，每个石拱跨度11—15米，右侧的入口斜坡有4个拱门，位于德里那河左岸，桥身长179.5米。它是土耳其和意大利文艺复兴时期最伟大的建筑师和工程师之一思南的代表性杰作。这处遗产比例结构优美，气势宏伟壮观，展现了此类建筑风格的独特魅力。

外文名称：Mehmed Paša Sokolović Bridge in Višegrad

遗产类别：世界文化遗产

批准时间：2007

符合标准：(ii)(iv)

黑　山

◎ **首都**：波德戈里察

◎ **世界文化遗产**：科托尔自然保护区和文化历史区，斯特茨中世纪墓地（与波黑、克罗地亚、塞尔维亚共享），15—17世纪威尼斯共和国的防御工事——西方的陆地之国到海洋之国（与意大利、克罗地亚共享），共3处。

科托尔自然保护区和文化历史区

科托尔在历史上是一座有名的贸易与航海城市。

世界遗产委员会评价：科托尔这个天然港位于黑山的亚得里亚海岸，它在中世纪曾是重要的艺术和商业中心，那里有著名的石工和肖像学校。在1979年的一次地震中很多遗址被严重毁坏，其中包括两座罗马式教堂和城墙。之后在联合国教科文组织的帮助下，该城恢复了原貌。

外文名称：Natural and Culturo-Historical Region of Kotor

遗产类别：世界文化遗产

批准时间：1979

符合标准：(i)(ii)(iii)(iv)

马其顿

◎ **首都**：斯科普里

◎ **世界文化遗产**：奥赫里德地区文化历史遗迹及其自然景观，共 1 处。

奥赫里德地区文化历史遗迹及其自然景观

世界遗产委员会评价：奥赫里德镇坐落在奥赫里德湖边，是欧洲最古老的人类聚居地之一。它建于 7—19 世纪，拥有最古老的古斯拉夫修道院和 800 多幅 11—14 世纪末拜占庭风格的画像。奥赫里德镇被誉为仅次于莫斯科托里托拉可夫画廊的世界上最重要的收藏地。

外文名称：Natural and Cultural Heritage of the Ohrid Region

遗产类别：世界自然与文化遗产

批准时间：1979（1980 年扩展范围）

符合标准：(i)(iii)(iv)(vii)

西欧
11
国

希腊、意大利、西班牙、葡萄牙、瑞士、法国
德国、荷兰、挪威、爱尔兰、英国

希　腊

◎ **首都**：雅典

🤝 **伙伴关系**：全面战略伙伴关系（2006）

🏗 **"一带一路"项目**：比雷埃夫斯港。

◎ **世界文化遗产**：奥林匹亚考古遗址，提洛岛，萨莫斯岛的毕达哥利翁及赫拉神殿，迈锡尼和提那雅恩斯的考古遗址，韦尔吉纳的考古遗址，科孚古城，德尔斐考古遗址，雅典卫城，巴赛的阿波罗·伊壁鸠鲁神庙，埃皮达鲁斯遗址，腓立比考古遗迹，塞萨洛尼基古建筑，帕特莫斯岛的天启洞穴和圣约翰修道院，曼代奥拉，阿索斯山，达夫尼修道院、俄西俄斯罗卡斯修道院和希俄斯新修道院，米斯特拉斯考古遗址，罗得中世纪古城，共 18 处。

奥林匹亚考古遗址

为纪念古代奥林匹亚运动会，1896 年在雅典举行了第一届现代奥林匹克运动会。以后，运动会虽改为轮流在其他国家举行，但仍用奥林匹克的名称，并且每一届的火炬都在这里点燃。1936 年第 11 届奥运会后，因有部分余款，国际奥委会决定用这笔款项继续对奥林匹亚遗址进行发掘，发现并复原了体育场。

世界遗产委员会评价：奥林匹亚考古遗址位于伯罗奔尼撒半岛的山谷，自史前时代以来就有人居住。公元前 10 世纪，奥林匹亚成了人们敬拜宙斯的一个中心。众神之圣地——阿尔提斯（Altis），是希腊建筑杰作最集中的地方。除了庙宇之外，这里还保留着专供奥运会使用的各种体育设施。早在公元前 776 年，人们就每四年在奥林匹亚举行一次奥运会。

外文名称：Archaeological Site of Olympia

遗产类别：世界文化遗产

批准时间：1989

符合标准：(i)(ii)(iii)(iv)(vi)

提 洛 岛

世界遗产委员会评价：根据希腊神话，阿波罗就出生在基克拉迪群岛（Cyclades）的提洛岛上。阿波罗神殿吸引了来自希腊各地的朝拜者，而提洛岛在当时则是一个繁荣的贸易港口。岛上有从公元前 3000 年到古基督教时代各阶段文明的遗迹。此处考古遗址格外辽阔、富饶，是一个巨大的地中海世界港口。

外文名称：Delos

遗产类别：世界文化遗产

批准时间：1990

符合标准：(ii)(iii)(iv)(vi)

萨莫斯岛的毕达哥利翁及赫拉神殿

世界遗产委员会评价：公元前 3000 年，萨莫斯岛这个靠近小亚细亚的爱琴海小岛上就有了文明。毕达哥利翁是一个古老的要塞，有着希腊和罗马建筑及壮观的隧道和高架渠。赫拉神殿则是萨摩斯人赫拉的神庙。它们的遗址至今可见。

外文名称：Pythagoreion and Heraion of Samos

遗产类别：世界文化遗产

批准时间：1992

符合标准：(ii)(iii)

迈锡尼和提那雅恩斯的考古遗址

世界遗产委员会评价:迈锡尼和提那雅恩斯是迈锡尼文明中两座最伟大的城市,其遗址也十分壮观。公元前 15 世纪—公元前 12 世纪,迈锡尼文明盛行于地中海东部,在古希腊文化的发展中发挥了重要作用。这两座城市还与荷马史诗《伊利亚特》和《奥德赛》有着密切的关联,而这两部史诗对欧洲艺术和文学的影响则持续了 3000 多年。

外文名称:Archaeological Sites of Mycenae and Tiryns

遗产类别:世界文化遗产

批准时间:1999

符合标准:(i)(ii)(iii)(iv)(vi)

韦尔吉纳的考古遗址

世界遗产委员会评价:艾加伊城(Aigai)是古代马其顿王国的第一个首都,发现于 19 世纪,靠近希腊北部的韦尔吉纳。其中最重要的遗迹是一个用马赛克和灰泥装饰的巨大宫殿,以及包括了 300 多个坟墓的墓地,其中一些坟墓建于公元前 11 世纪。大古墓中的一个皇家墓穴已经确认属于腓力二世。这位国王曾征服希腊所有城市,为他的儿子亚历山大对希腊的扩张铺平了道路。

外文名称:Archaeological Site of Aigai (modern name Vergina)

遗产类别:世界文化遗产

批准时间:1996

符合标准:(i)(iii)

科孚古城

世界遗产委员会评价:科孚古城起源于公元前 8 世纪,位于希腊西海岸的科孚岛,与阿尔巴尼亚隔海峡相望,占据了亚得里亚海入海口的战略位置。

古城的 3 座要塞由著名的威尼斯工程师设计,在 400 多年里被威尼斯共和国用来保护海上贸易利益,抵抗土耳其帝国。时光荏苒,19 世纪英国统治时期,要塞经过多次修缮,并部分重建。在古城的新古典主义建筑当中,有一部分建于威尼斯统治时期,另有一部分是后建的,主要为 19 世纪建筑。作为地中海的港口要塞,科孚城区和港口建筑群因高度完整、保存良好而闻名于世。

外文名称: Old Town of Corfu

遗产类别:世界文化遗产

批准时间:2007

符合标准:(iv)

德尔斐考古遗址

世界遗产委员会评价:希腊圣地德尔斐是阿波罗神转述神谕的地方,也就是所谓的"世界中心"(Navel of the World),与壮丽的自然景色完美融合,有着神圣的宗教意义。早在公元前 6 世纪,德尔斐就已经成为宗教中心和古希腊统一的象征。

外文名称: Archaeological Site of Delphi

遗产类别:世界文化遗产

批准时间:1987

符合标准:(i)(ii)(iii)(iv)(vi)

雅典卫城

世界遗产委员会评价:雅典卫城及其纪念物是古代希腊为世界留下的最大的建筑和艺术综合体,是古典精神和文明形式的普遍象征。在公元前 5 世纪下半叶,雅典战胜了波斯人并建立民主制度之后,在其他古代城邦中取得了领导地位。此后,随着思想和艺术的蓬勃发展,一个特殊的艺术家群体投入政治家伯里克利非凡的雅典计划中,在雕塑家菲狄亚斯的启发和指导下,将岩石的山冈改造成为思想和艺术的丰碑。当地最重要的纪念物都是在这段时间兴建的:伊克蒂诺斯修建的帕特农神庙,穆尼西克里设计的伊瑞克提翁神庙、山门、雅典卫城的巨大入口,以及雅典娜女神庙。

外文名称:Acropolis,Athens

遗产类别:世界文化遗产

批准时间:1987

符合标准:(i)(ii)(iii)(iv)(vi)

巴赛的阿波罗·伊壁鸠鲁神庙

世界遗产委员会评价:这座著名的神庙是为康复之神和太阳神而建的,建于公元前 5 世纪中期,坐落在荒无人烟的阿卡迪亚群山之间。神庙有人类迄今为止发现的最古老的科林斯式柱头,建筑风格大胆,结合了早期希腊风格和明朗的陶立克(Doric)风格。

外文名称:Temple of Apollo Epicurius at Bassae

遗产类别:世界文化遗产

批准时间:1986

符合标准:(i)(ii)(iii)

埃皮达鲁斯遗址

世界遗产委员会评价:埃皮达鲁斯遗址位于伯罗奔尼撒半岛的一个小山谷里,向上延伸好几层。公元前 6 世纪,阿斯克勒庇俄斯医药神的祭仪是首先从这里开始的,但其主要古迹,尤其是剧场,是到 4 世纪才出现的,被认为是希腊建筑中最完美的杰作之一。这片广阔的遗址在古希腊和古罗马时代是祈祷康复之处,建有献给主神的神庙和医院。

外文名称:Sanctuary of Asklepios at Epidaurus

遗产类别:世界文化遗产

批准时间:1988

符合标准:(i)(ii)(iii)(iv)(vi)

腓立比考古遗迹

世界遗产委员会评价：腓立比是处于东马其顿的一个城市，在公元前 356 年建立，在 14 世纪奥斯曼帝国统治时被摒弃。腓立比由马其顿国王腓力二世建立，建造该市的目的是控制附近的金矿，并控制暗妃波里和尼亚波利之间的道路——从东方穿过马其顿到西方的伟大的皇家道路的一部分。619 年，腓立比几乎被一次地震完全摧毁，此后再未恢复。

外文名称：Archaeological Site of Philippi

遗产类别：世界文化遗产

批准时间：2016

符合标准：(iii)(iv)

塞萨洛尼基古建筑

世界遗产委员会评价：塞萨洛尼基州首府和海港建于公元前 315 年，是最早的基督教传播地之一。基督教建筑包括宏伟的教堂，有的按照希腊人的十字形设计，有的为包括三座中殿的长方形教堂。4—15 世纪，教堂的修建往往都要历经漫长的工期，也因此反映了同一类型的教堂在不同历史时期的特点，这对拜占庭世界产生了相当大的影响。圆形大厅、圣德米特里和圣大卫教堂的马赛克镶嵌艺术是早期基督教艺术中的伟大杰作。

外文名称：Paleochristian and Byzantine Monuments of Thessalonika

遗产类别：世界文化遗产

批准时间：1988

符合标准：(i)(ii)(iv)

帕特莫斯岛的天启洞穴和圣约翰修道院

世界遗产委员会评价：多德卡尼斯群岛的帕特莫斯小岛由于圣约翰神学家在此创作《福音书》和《启示录》而闻名。10 世纪后期，有人在这里为"挚爱的门徒"修建了一座修道院,从此,这里便一直是一个朝圣地,也是希腊东正教学习之地。在这个岛上有许多宗教的世俗的建筑物,其中有占据主导地位的杰出的寺院和焦尔城古老的居住地。

外文名称:The Historic Centre（Chorá）with the Monastery of Saint-John the Theologian and the Cave of the Apocalypse on the Island of Pátmos

遗产类别:世界文化遗产

批准时间:1999

符合标准:（iii）（iv）（vi）

曼代奥拉

如此隐蔽的曼代奥拉修道院群落之所以被世人知晓,是由于它之前出现在邦德系列电影《最高机密》的最后一幕,给观众留下了深刻的印象,很多人都想去这些位于高山顶的修道院参观一番。

世界遗产委员会评价:从 11 世纪起,一些修道士就在曼代奥拉这个几乎不可抵达的砂岩峰地区定居了下来,住在"天空之柱"上。15 世纪,隐士思想大复兴,这些修道士克服了超乎想象的困难,在这里修建了 24 座修道院。这里的 16 世纪壁画代表了后拜占庭绘画艺术发展的一个重要阶段。

外文名称:Meteora

遗产类别:世界文化遗产

批准时间:1988

符合标准:（i）（ii）（iv）（v）（vii）

阿索斯山

世界遗产委员会评价:阿索斯山自 1054 年以来就是东正教的精神中心,从拜占庭时期起就拥有独立的法律。这座圣山禁止妇女儿童进入,也是一个艺术宝库。这些修道院（现今约有 20 座修道院,住着 1400 名修道士）规划设计的影响远达俄罗斯,其绘画流派甚至影响了东正教艺术史。

外文名称:Mount Athos

遗产类别：世界自然与文化遗产

批准时间：1988

符合标准：（i）（ii）（iv）（v）（vi）（vii）

达夫尼修道院、俄西俄斯罗卡斯修道院和希俄斯新修道院

世界遗产委员会评价：这三座修道院，虽然在地理位置上有一定的距离（第一个在阿提卡，靠近雅典；第二个在福基斯州，靠近德尔菲；第三个在爱琴海的一个岛上，靠近小亚细亚半岛），但属于相同类型，享有相同的美学特征——教堂建在广场中心，有圆屋顶，由突角拱支撑。在11—12世纪，这些教堂用华丽的大理石装饰，马赛克镶嵌在金色的背景上，这是"拜占庭艺术的第二个黄金时代"

外文名称：Monasteries of Daphni, Hosios Loukas and Nea Moni of Chios

遗产类别：世界文化遗产

批准时间：1990

符合标准：（i）（iv）

米斯特拉斯考古遗址

世界遗产委员会评价：米斯特拉斯——"摩里亚半岛之奇迹"，于1249年由希腊王子维拉杜安威廉修建，用来作为围绕堡垒的一个圆形剧场。被拜占庭人再度征服后，这里又相继被土耳其人和威尼斯人占领，后于1832年遭到遗弃，剩下的只是美丽的风景之中令人惊叹的中世纪废墟。

外文名称：Archaeological Site of Mystras

遗产类别：世界文化遗产

批准时间：1989

符合标准：（ii）（iii）（iv）

罗得中世纪古城

世界遗产委员会评价：1309—1523 年，耶路撒冷的圣约翰骑士团占领了罗得城，并开始将其建成要塞。这里随后又相继受到土耳其人和意大利人的统治。上城是最美丽的哥特式城市建筑群之一，有大长老宫殿、大医院和骑士街。下城不但有哥特式建筑，也有清真寺、公共浴池及其他土耳其帝国时期的建筑。

外文名称：Medieval City of Rhodes

遗产类别：世界文化遗产

批准时间：1988

符合标准：(ii)(iv)(v)

意大利

📍 **首都**：罗马

🤝 **伙伴关系**：全面战略伙伴关系(2004)

🏗 **"一带一路"项目**：中意 2017—2020 年合作行动计划，"丝绸之路"生态文化万里行。

⊙ **世界文化遗产**：卡塞塔的 18 世纪花园皇宫、凡韦特里水渠和圣莱乌西建筑群，罗马历史中心——享受治外法权的罗马教廷建筑和缪拉圣保罗弗利（与梵蒂冈共享），梵尔卡莫尼卡谷地岩画，庞贝、赫库兰尼姆和托雷安农齐亚塔考古区，提沃利的阿德利阿纳村庄，阿奎拉古迹区及长方形主教教堂，比萨大教堂广场，佛罗伦萨历史中心，威尼斯及潟湖，维罗纳城，绘有达·芬奇《最后的晚餐》的圣玛丽亚感恩教堂和多明各会修道院，阿西西古镇的方济各会修道院与大教堂,文艺复兴城市费拉拉城及波河三角洲,帕多瓦植物园,卡萨尔的古罗马别墅,提沃利城的伊斯特别墅,维琴察城和威尼托的帕拉第奥别墅,阿尔贝罗贝洛的圆顶石屋,马泰拉的石窟民居,拉文纳早期基督教名胜,意大利的伦巴底人遗址,那不勒斯历史中心,乌尔比诺历史中心,蒙特堡,圣吉米尼亚诺历史中心,锡耶纳历史中心,阿达的克里斯匹,皮恩扎历史中心,萨沃王宫,摩德纳的大教堂、市民塔和大广场,巴鲁米尼的努拉格,韦内雷港、五村镇及沿海群岛,阿马尔菲海岸景观,阿克里真托考古区,奇伦托和迪亚诺河谷国家公园、帕埃斯图姆和韦利亚考古遗址,晚期的巴洛克城镇瓦拉迪那托,皮埃蒙特及伦巴第圣山,塞尔维托里和塔尔奎尼亚的伊特鲁立亚人公墓,瓦尔·迪奥西亚公园文化景观,锡拉库扎城和潘塔立克石墓群,热那亚——新街和罗利宫殿体系,曼托瓦和萨比奥内塔景观,阿尔布拉/伯尔尼纳文化景观中的雷塔恩铁路,阿尔卑斯山周围的史前湖岸木桩建筑,托斯卡纳地区的梅第奇别墅和花园,皮埃蒙特的葡萄园景观——朗格罗埃洛和蒙菲拉托,巴勒莫的阿拉伯-诺曼风格建筑群及切法卢大教堂和蒙雷阿莱大教堂,15—17世纪威尼斯共和国的防御工事——西方的陆地之国到海洋之国(与黑山、克罗地亚共享),共48处。

卡塞塔的18世纪花园皇宫、凡韦特里水渠和圣莱乌西建筑群

卡塞塔的皇宫建筑群是世界皇家宫殿的杰出代表。花园皇宫平面成田字形,室内摆设着许多艺术品,有金银器皿、镀金铜器、陶器、中国瓷器、中国丝绸,墙上饰有各种壁画、油画和挂毯,装潢华美无比。同时期的中国圆明园也有田字形建筑。

世界遗产委员会评价:卡塞塔地区的综合名胜群是波旁王朝国王查理三世为了与凡尔赛宫和马德里皇宫争奇斗美而在18世纪中叶修建的。这一建筑群别出心裁地把豪华的宫殿及其园林与花园、天然林地、打猎用的山林小屋和生产丝绸的工业设施结合在一起。名胜群充分体现了启蒙运动在建筑领域的影响:以物质形式融入自然景观,实现两者的完美结合,而不是将启蒙思想强加于自然景观。

外文名称:18th-Century Royal Palace at Caserta with the Park, the

Aqueduct of Vanvitelli，and the San Leucio Complex

遗产类别：世界文化遗产

批准时间：1997

符合标准：(i)(ii)(iii)(iv)

罗马历史中心——享受治外法权的罗马教廷建筑和缪拉圣保罗弗利（与梵蒂冈共享）

世界遗产委员会评价：根据神话传说，罗马城由罗穆卢斯和瑞摩斯于公元前753年修建。罗马首先作为罗马共和国的首都，后来是罗马帝国的都城，再后来到了4世纪，这里则成了整个基督教世界的中心。1990年，这个世界遗产地的范围扩大到了罗马八区的城墙。该文化遗址包括了一些著名的古代建筑，例如：古罗马广场、奥古斯都的陵墓、哈德良的陵墓、万神殿、图拉真柱、马可·奥里利乌斯柱，以及罗马教皇的许多宗教和公共建筑。

外文名称：Historic Centre of Rome，the Properties of the Holy See in that City Enjoying Extraterritorial Rights and San Paolo Fuori le Mura

遗产类别：世界文化遗产

批准时间：1980(1990年扩展范围)

符合标准：(i)(ii)(iii)(iv)(vi)

梵尔卡莫尼卡谷地岩画

世界遗产委员会评价：在位于伦巴第平原的梵尔卡莫尼卡谷地，有一批壮观的史前岩石雕刻群。在持续约8000年的历史中，岩石上刻满了超过14万幅的符号和图案，这些符号和图案描绘的主题是农业、航海、战争和魔法。

外文名称：Rock Drawings in Valcamonica

遗产类别：世界文化遗产

批准时间：1979

符合标准：(iii)(vi)

庞贝、赫库兰尼姆和托雷安农齐亚塔考古区

世界遗产委员会评价:公元79年8月24日维苏威火山爆发,吞没了两个繁盛的罗马城市——庞贝和赫库兰尼姆,以及那个地区的许多富家别墅。从18世纪中叶始,被掩埋的一切都逐渐被挖掘出来并向公众公开开放。庞贝商业城的广阔,与规模不大却保存完好的赫库兰尼姆假日胜地相得益彰,而托雷安农齐亚塔的奥普隆蒂斯别墅的壮丽壁画,则呈现给我们一幅早期罗马帝国富裕的市民生活方式的生动图景。

外文名称: Archaeological Areas of Pompei, Herculaneum and Torre Annunziata

遗产类别:世界文化遗产

批准时间:1997

符合标准:(iii)(iv)(v)

提沃利的阿德利阿纳村庄

世界遗产委员会评价:阿德利阿纳村庄位于罗马附近的提沃利,是2世纪时由罗马帝国国王哈德里亚所建造的一处卓越的古典建筑群。它用"理想城市"的形式规划建设,综合利用了古埃及、希腊、罗马建筑遗产中的最佳元素。

外文名称: Villa Adriana (Tivoli)

遗产类别:世界文化遗产

批准时间:1999

符合标准:(i)(ii)(iii)

阿奎拉古迹区及长方形主教教堂

世界遗产委员会评价:阿奎拉(位于意大利东北部地区弗留利-威尼斯朱利亚区)是早期罗马帝国最大、最富有的城市之一,在5世纪中叶被阿提拉

（Attila，匈奴帝国国王）毁灭。阿奎拉大部分遗迹仍埋在地下而未被发掘，正由于此，它才成了这一类型中最大的古迹区。这里的主教大教堂是用优质的马赛克铺筑的著名建筑，同时也在中欧大部地区的传教过程中发挥了关键作用。

外文名称：Archaeological Area and the Patriarchal Basilica of Aquileia

遗产类别：世界文化遗产

批准时间：1998

符合标准：(iii)(iv)(vi)

比 萨 大 教 堂 广 场

建于 1173 年的比萨斜塔看似一座违背引力定律的建筑，因伽利略在此试验自由落体的物理定律而久负盛名。

世界遗产委员会评价：在一片宽阔的草坪上，坐落着比萨大教堂广场。广场上有一组举世闻名的纪念建筑群：大教堂、洗礼室、钟楼（即比萨斜塔）和墓地。这四件中世纪时的建筑杰作对意大利 11—14 世纪的纪念建筑艺术产生了极大影响。

外文名称：Piazza del Duomo，Pisa

遗产类别：世界文化遗产

批准时间：1987

符合标准：(i)(ii)(iv)(vi)

佛 罗 伦 萨 历 史 中 心

世界遗产委员会评价：佛罗伦萨是在一个意大利古国伊特鲁里亚的定居点上建立起来的。作为文艺复兴的象征，佛罗伦萨在 15—16 世纪的梅迪奇（Medici）时代达到它在经济和文化上的顶峰。600 年来，佛罗伦萨的艺术活动异常活跃，这首先可以从它 13 世纪菲奥里的圣玛利亚教堂中看出，当然也包括圣十字教堂、乌菲齐宫、皮蒂宫，以及乔托、布鲁内莱斯基、博蒂切利和米开朗琪罗等大师的杰作等。

外文名称：Historic Centre of Florence

遗产类别：世界文化遗产

批准时间：1982

符合标准：(i)(ii)(iii)(iv)(vi)

威尼斯及潟湖

世界遗产委员会评价：威尼斯始建于5世纪，由118个小岛构成，10世纪时成为当时最主要的海上力量。整个威尼斯城就是一个非凡的建筑杰作，即便是城中最不起眼的建筑也可能是出自诸如乔尔乔纳（Giorgione）、提香（Titian）、丁托列托（Tintoretto）、韦罗内塞（Veronese）等世界大师之手。

外文名称：Venice and its Lagoon

遗产类别：世界文化遗产

批准时间：1987

符合标准：(i)(ii)(iii)(iv)(v)(vi)

维罗纳城

维罗纳城是莎士比亚的名作《罗密欧与朱丽叶》中两位主人公的故乡，自然成了世界青年男女膜拜的爱情场所，每年都有成千上万人从世界各地到这里来"朝圣"。

世界遗产委员会评价：维罗纳城建于公元前1世纪，13—14世纪在斯卡利哲家族的统治下尤为繁荣，15—18世纪是威尼斯共和国的一部分。城内至今保存有罗马帝国时代、中世纪及文艺复兴时期的许多文化古迹，同时它也是历史上一座重要的军事要塞。

外文名称：City of Verona

遗产类别：世界文化遗产

批准时间：2000

符合标准：(ii)(iv)

绘有达·芬奇《最后的晚餐》的圣玛丽亚感恩教堂和多明各会修道院

世界遗产委员会评价:圣玛丽亚感恩教堂的餐厅是整个建筑群不可分割的组成部分,它地处米兰城,始建于1463年,15世纪末意大利建筑设计师布拉曼特对之进行了改造。该建筑的北墙上,至今仍然保存着莱昂纳多·达·芬奇完成于1495—1497年间无与伦比的代表作《最后的晚餐》。达·芬奇的作品宣告了艺术史上一个新世纪的到来。

外文名称:Church and Dominican Convent of Santa Maria delle Grazie with *The Last Supper* by Leonardo da Vinci

遗产类别:世界文化遗产

批准时间:1980

符合标准:(i)(ii)

阿西西古镇的方济各会修道院与大教堂

世界遗产委员会评价:阿西西古镇是建在山上的中世纪城市,它是方济各会的创始者——意大利人圣方济各(Saint Francis)的出生地,与方济各会的建筑密切联系。这里有许多中世纪的艺术杰作,例如圣方济各大教堂,意大利画家契马布埃(Cimabue)、西蒙纳·马蒂尼(Simone Martini)、洛伦泽蒂(Pietro Lorenzetti)、乔托(Giotto)等大师的绘画作品。这些杰作使得阿西西古镇成为研究意大利及欧洲艺术和建筑发展的一个重要参考。

外文名称:Assisi, the Basilica of San Francesco and Other Franciscan Sites

遗产类别:世界文化遗产

批准时间:2000

符合标准:(i)(ii)(iii)(iv)(vi)

文艺复兴城市费拉拉城及波河三角洲

世界遗产委员会评价:费拉拉城是在波河浅滩上建立起来的,并逐渐成为意大利文化艺术中心。15—16 世纪它吸引了大批文艺复兴的才子巨匠。在这座城市里,皮耶罗·德拉·弗兰切斯卡(Piero della Francesca)、雅各布·贝利尼(Jacopo Bellini)和安德烈·曼泰尼亚(Andrea Mantegna)装饰了埃斯泰王朝的宫殿。人本主义观念下的"理想城市"也在这里成为现实:从 1492 年起,比亚焦·罗塞蒂(Biagio Rossetti)根据远景规划的新原则在埃斯泰王朝的宫殿周围建造起了"理想城市"。这个规划的完成标志着现代化都市设计的诞生,并影响了以后城市建筑的发展。

外文名称:Ferrara, City of the Renaissance, and its Po Delta

遗产类别:世界文化遗产

批准时间:1995(1999 年扩展范围)

符合标准:(ii)(iii)(iv)(v)(vi)

帕多瓦植物园

帕多瓦植物园有热带雨林和室内花园两大主题,展示世界各地 3500 余种热带植物。

世界遗产委员会评价:世界上第一个植物园于 1545 年建于帕多瓦。它至今仍保留着最初的建筑布局——一块圆形土地,象征着整个世界,四周被淙淙的流水环绕。此后这里又增添了一些其他设施,其中包括建筑设施(装饰过的大门和栅栏)和实用设施(汲水装置和暖房)。时至今日,它仍一如既往地坚守着它的初衷,即把植物园作为科学研究的基地。

外文名称:Botanical Garden (Orto Botanico), Padua

遗产类别:世界文化遗产

批准时间:1997

符合标准:(ii)(iii)

卡萨尔的古罗马别墅

世界遗产委员会评价:位于西西里的卡萨尔古罗马别墅是罗马大庄园的中心,西罗马帝国农村经济就依赖这些庄园。卡萨尔的古罗马别墅是众多同类建筑中最奢华的一个。卡萨尔的镶嵌工艺水平和质量尤其值得关注,几乎每一个房间都装饰了马赛克,时至今日仍然是罗马世界的一朵瑰丽的奇葩。

外文名称:Villa Romana del Casale

遗产类别:世界文化遗产

批准时间:1997

符合标准:(i)(ii)(iii)

提沃利城的伊斯特别墅

世界遗产委员会评价:提沃利城的伊斯特别墅及其宫殿和花园,全面系统而鲜明地反映了最精致的文艺复兴文化。别墅独具匠心的设计与花园里的建筑组成部分(喷泉、装饰水池等)构成了一个典型的16世纪意大利花园。伊斯特别墅是欧洲花园发展的一个早期模型。

外文名称:Villa d'Este, Tivoli

遗产类别:世界文化遗产

批准时间:2001

符合标准:(i)(ii)(iii)(iv)(vi)

维琴察城和威尼托的帕拉第奥别墅

世界遗产委员会评价:维琴察城于公元前2世纪在意大利北部建成,在威尼斯人的统治下,维琴察城于15世纪早期到18世纪末达到全盛时期。意大利建筑师安德烈亚·帕拉第奥(1508—1580)对古罗马建筑进行了详细研究,赋予了这座城市独特的风貌。帕拉第奥的市区建筑,以及散布在威尼托区的别墅,对意大利的建筑发展产生了决定性影响。帕拉第奥的建筑作品形成了一个与众不同的建筑风格,就是人们熟知的帕拉第奥风格,这种建筑风格也传播到了英国、其他欧洲国家和北美。

外文名称:City of Vicenza and the Palladian Villas of the Veneto

遗产类别:世界文化遗产

批准时间:1994(1996年扩展范围)

符合标准：(i)(ii)

阿尔贝罗贝洛的圆顶石屋

世界遗产委员会评价：意大利普利亚大区南部发现的圆顶石屋，是一种石灰石住所，是史前建筑技术中无灰泥建筑技术的典型代表，现在该技术在这一地区仍然沿用。圆顶石屋是由从附近地区采集来的石灰石石块粗糙堆砌而成的。由石灰石板撑起的金字塔形、圆锥形或球状屋顶是石屋的特色。

外文名称：The Trulli of Alberobello

遗产类别：世界文化遗产

批准时间：1996

符合标准：(iii)(iv)(v)

西班牙

◎ **首都**：马德里

🤝 **伙伴关系**：全面战略伙伴关系（2005）

🏗 **"一带一路"项目**：中欧班列（义乌—马德里）。

◎ **世界文化遗产**：阿兰胡埃斯文化景观，瓦伦西亚丝绸交易厅，阿塔皮尔卡考古遗址，阿尔塔米拉洞窟，伊比利亚半岛地中海盆地的石壁画艺术，安特克拉石板坟遗迹，比利牛斯-珀杜山（与法国共享），冈斯特拉的圣地亚哥之路，圣米兰的尤索和索索修道院，历史名城托莱多，科尔多瓦历史中心，瓜达卢佩的圣玛利皇家修道院，塞维利亚大教堂、城堡和西印度群岛档案馆，乌韦达和巴埃萨城文艺复兴时期的建筑群，埃纳雷斯堡大学城及历史区，马德里埃斯科里亚尔修道院和遗址，巴塞罗那的帕劳音乐厅及圣保罗医院，水银遗产——阿尔马登与伊德里亚(与斯洛文尼亚共享),卢戈的罗马城墙,格拉纳达的艾勒汉卜拉、赫内拉利费和阿尔巴济,布尔戈斯大教堂,塞哥维亚古城及其输水道,奥维耶多古建筑和阿斯图里亚斯王国,圣地亚哥-德孔波斯特拉古城,阿维拉古城及城外教堂,阿拉贡的穆德哈尔式建筑,卡塞雷斯古城,萨拉曼卡古城,波夫莱特修道院,梅里达考古群,城墙围绕的历史名城昆卡,拉斯梅德拉斯,科阿山谷和席尔加•维德岩石艺术考古区(与葡萄牙共享),拉古纳的圣克斯托瓦尔,博伊谷地的罗马式教堂建筑,塔拉科考古遗址,埃尔切的帕梅拉尔,比斯开桥,海克力士塔,特拉蒙塔那山区文化景观,安东尼•高迪的建筑作品,伊维萨岛的生物多样性和特有文化,共42处。

阿 兰 胡 埃 斯 文 化 景 观

18世纪时,波旁王朝的国王菲利普五世将宫廷中心移到阿兰胡埃斯,卡洛斯三世和四世分别修建了王宫的两翼、王子花园和"农夫之家"。阿兰胡埃斯王宫充满东方风情,中国殿和阿拉伯殿是主要的游览景点。王子花园,沿着塔霍河修建,长达3千米,里面种植了大量18—19世纪西班牙殖民者从海外带回来的新植物种类,花园中还有一个叫"中国"的池塘。

世界遗产委员会评价:阿兰胡埃斯文化景观体现了许多复杂的关系,例如人类活动与自然之间的关系,蜿蜒水道与呈现几何形态的景观设计之间的关系,乡村与城市之间的关系,以及森林环境与当地富丽堂皇的精美建筑之间的关系。300年来,西班牙王室对阿兰胡埃斯文化景观倾注了许多精力,使得它向世人展示着奇妙的变化。我们不仅能看到人道主义和政治集权的观念,而且可以领略到18世纪建造的法国巴洛克式花园所体现出来的特色,以及启蒙运动时期伴随着植物种植和牲畜饲养所发展起来的城市生活方式。

外文名称: Aranjuez Cultural Landscape

遗产类别:世界文化遗产

批准时间:2001

符合标准:(ii)(iv)

瓦伦西亚丝绸交易厅

瓦伦西亚是西班牙的第三大城市,也是西班牙第二大海港,被称为地中海西岸的明珠。13世纪末,瓦伦西亚丝绸贸易已经相当繁荣。为满足不断增长的丝绸贸易增长需要,1492年,市政厅决定建造新丝绸交易厅,尔后它成为欧洲最著名的哥特式建筑纪念物之一。

世界遗产委员会评价:该建筑群建于1482—1533年,原用于丝绸贸易,并因此得名为丝绸交易厅,从此,那里一直都是进行商贸交易的中心。作为哥特式晚期的建筑杰作,宏伟的交易大厅还是15—16世纪地中海地区主要商业城市权力和财富的象征。

外文名称: La Lonja de la Seda de Valencia

遗产类别:世界文化遗产

批准时间:1996

符合标准:(i)(iv)

阿 塔 皮 尔 卡 考 古 遗 址

世界遗产委员会评价:阿塔皮尔卡山洞穴中发现了大量早期人类化石,经考证是欧洲最早的人类化石,可以追溯到100万年以前至公元纪年开始这段时期。山洞中的化石为欧洲人类学的研究提供了丰富的资料和信息,对于了解人类远古祖先的生活具有重要价值。

外文名称: Archaeological Site of Atapuerca

遗产类别:世界文化遗产

批准时间:2000

符合标准:(iii)(v)

阿 尔 塔 米 拉 洞 窟

世界遗产委员会评价:阿尔塔米拉洞窟位于桑坦德省,是史前人类活动遗址。旧石器时代的奥瑞纳期（前 34000—前 23000）、梭鲁推期（前 23000）和马德林期（前 18000—前 10000）先后有人类聚居生活在此。在这里发现的大多数石器工具和举世闻名的洞穴壁画都可追溯到马德林期，即旧石器时代的晚期。在一个巨大石室里发现的壁画以红黑色调为主，描绘出各种野生动物的形象，比如野牛、马、鹿和野猪等。

2008 年，17 座旧石器时代的彩绘洞穴被列入《世界遗产名录》，它们是 1985 年列入《世界遗产名录》的阿尔塔米拉洞穴的扩展部分。这些洞穴现列于西班牙北部旧石器时代阿尔塔米拉洞窟艺术清单。这些洞穴是旧石器时代从乌拉尔到伊比利亚半岛的欧洲地区发展起来的洞穴艺术巅峰之作，时间可追溯到公元前 35000 年—公元前 11000 年。由于洞穴很深，因此洞内彩绘没有受到极端气候的影响，保存十分完好。

外文名称：Cave of Altamira and Paleolithic Cave Art of Northern Spain
遗产类别：世界文化遗产
批准时间：1985（2008 年扩展范围）
符合标准：(i)(iii)

伊比利亚半岛地中海盆地的石壁画艺术

这一世界文化遗产共计 758 个遗产点，是遗产点最多的世界遗产。

世界遗产委员会评价：伊比利亚半岛地中海盆地的史前晚期石壁画艺术遗址形成了一个独特的大规模壁画群。人类发展中一个至关重要时期的生活方式被生动形象地描绘于石壁画之中。这些石壁画无论从风格还是从主题来评价，都是世界上独一无二的。

外文名称：Rock Art of the Mediterranean Basin on the Iberian Peninsula
遗产类别：世界文化遗产
批准时间：1998
符合标准：(iii)

安特克拉石板坟遗迹

安特克拉石板坟遗迹是使用巨石建成的坟墓,为狭长形,可以追溯至公元前 3000 年。

世界遗产委员会评价:安特克拉石板坟遗迹为欧洲最大、最知名的巨石结构遗迹,建造于新石器时代和青铜时代,长 25 米,宽 5 米,高 4 米,由 32 块巨石建成,其中最沉的可达 200 吨,整个遗迹建造得像是一座小山。在 19 世纪,遗址被打开后,发现里面竟然埋葬了好几百人,让人惊叹不已。目前这一遗址由三大石板坟组成,是欧洲史前历史最杰出的建筑代表,也是欧洲巨石文化最重要的例证。

外文名称:Antequera Dolmens Site

遗产类别:世界文化遗产

批准时间:2016

符合标准:(i)(iii)(iv)

比利牛斯-珀杜山(与法国共享)

世界遗产委员会评价:这处雄伟壮观的高山景观,横跨法国与西班牙当前的国界,以海拔 3352 米的石灰质山——珀杜山顶峰为中心,面积 30639 公顷。在西班牙境内的是欧洲两个最大、最深的峡谷,而在法国境内更加陡峭的北坡上则是 3 个大片环形屏障,充分代表了这里的地质地貌。除了雄伟的山脉,这个地区还有着恬静的田园风光,反映了农业生活方式,这种生活方式曾在欧洲高地非常普遍,而今却仅存于比利牛斯地区。在这里,可以通过村庄、农场、原野、高地牧场和崎岖的山路这些独特的景观,去回顾久远的欧洲社会生活景象。

外文名称:Pyrénées-Mont Perdu

遗产类别:世界自然与文化遗产

批准时间:1997(1999 年扩展范围)

符合标准:(iii)(iv)(v)(vii)(viii)

冈斯特拉的圣地亚哥之路

在中世纪,圣地亚哥之路被誉为"欧洲文化第一路"。这一世界文化遗产共计 107 个遗产点。

世界遗产委员会评价:1987 年,欧洲议会宣布将冈斯特拉的圣地亚哥之路列为第一批欧洲文化之路。该遗址穿越法国和西班牙边境,从古至今一直是朝圣者们通往冈斯特拉的圣地亚哥的必经之路。沿路共有约 1800 座建筑,无论是宗教建筑还是世俗建筑,都有重大的历史意义。这条路对于中世纪时期促进伊比利亚半岛和欧洲其他地区的文化交流起到十分重要的作用,同时它也见证了基督教信仰在全欧洲社会各阶层人士心中的重要地位。

外文名称:Route of Santiago de Compostela

遗产类别:世界文化遗产

批准时间:1993

符合标准:(ii)(iv)(vi)

圣米兰的尤索和素索修道院

世界遗产委员会评价:圣米兰于 6 世纪中叶在该世界遗产所在地建立了修士团体,后来,这里成了基督教徒的朝圣地。今天,这座为了纪念圣米兰而修建的罗马式教堂历尽沧桑,依然矗立在素索。就是在这里最早使用卡斯提尔语言的文学作品产生了,今天全世界最广泛使用的语言之一——西班牙语,就起源于此。16 世纪初,在素索修道院旧址的下方,一座漂亮的新修道院——尤索修道院建成,它至今依然在发展壮大。

外文名称:San Millán Yuso and Suso Monasteries

遗产类别:世界文化遗产

批准时间:1997

符合标准:(ii)(iv)(vi)

历史名城托莱多

世界遗产委员会评价：托莱多城的历史长达 2000 多年，曾先后是罗马帝国统治下的城市、西哥特王国的首都、科尔多瓦酋长国的要塞、基督教国家和摩尔人战斗的前线，以及 16 世纪查尔斯五世统治时期的最高权力临时所在地。托莱多城与众不同之处在于在同一种环境中孕育了不同的文明，而产生多种文明的主要原因是 3 种主要宗教——犹太教、基督教和伊斯兰教在这块土地上共同存在。

外文名称：Historic City of Toledo

遗产类别：世界文化遗产

批准时间：1986

符合标准：(i)(ii)(iii)(iv)

科尔多瓦历史中心

在科尔多瓦城的鼎盛时期，它与巴格达、君士坦丁堡并列为世界三大伊斯兰文化中心，是伊斯兰世界中著名的大都市。

世界遗产委员会评价：8 世纪，摩尔人占领了西班牙，于是科尔多瓦进入了它的鼎盛时期。在这段全盛时期中，城中建起了约 300 座清真寺、数不清的宫殿和公共建筑。当时的科尔多瓦可与君士坦丁堡、大马士革和巴格达的辉煌繁荣相媲美。13 世纪，西班牙国王费尔南德三世时期，科尔多瓦大清真寺被改建成大教堂，一些新的防御性建筑也修建起来，特别著名的有基督教国王城堡和卡拉奥拉高塔要塞。

外文名称：Historic Centre of Cordoba

遗产类别：世界文化遗产

批准时间：1984(1994 年扩展范围)

符合标准：(i)(ii)(iii)(iv)

瓜达卢佩的圣玛利皇家修道院

克里斯托弗·哥伦布(1451—1506),意大利航海家、探险家。在西班牙女王的鼎力支持下,他先后4次出海远航,开辟了横渡大西洋到美洲的航路。

世界遗产委员会评价:圣玛利皇家修道院是长达4个世纪的西班牙宗教建筑历史的重要见证,它象征着1492年发生的世界历史上的2个重大事件:信奉天主教的王国收复伊比利亚半岛和克里斯托弗·哥伦布发现美洲大陆。圣玛利皇家修道院内著名的圣母雕像成为多数新大陆地区基督教化的有力象征。

外文名称:Royal Monastery of Santa María de Guadalupe

遗产类别:世界文化遗产

批准时间:1993

符合标准:(iv)(vi)

塞维利亚大教堂、城堡和西印度群岛档案馆

世界遗产委员会评价:位于塞维利亚中心的3座建筑——大教堂、城堡和西印度群岛档案馆——共同组成了非凡的古迹建筑群。大教堂和城堡的历史可以追溯到1248年至16世纪间收复领土时期,这2座建筑受到了摩尔人风格的影响。同时,它们也是阿尔默哈德文明和信奉基督教的安达卢西亚文明的历史见证。西拉尔达大寺院是阿尔默哈德时代的建筑杰作,在它旁边是塞维利亚大教堂。该大教堂共有5个大殿,是欧洲最大的哥特式建筑,教堂中存放着克里斯托弗·哥伦布的棺木。西印度群岛档案馆由一个拍卖厅改建而成,馆中存放着早期殖民者发现美洲时的宝贵档案文献。

外文名称:Cathedral, Alcázar and Archivo de Indias in Seville

遗产类别:世界文化遗产

批准时间:1987

符合标准:(i)(ii)(iii)(vi)

乌韦达和巴埃萨城文艺复兴时期的建筑群

世界遗产委员会评价:在西班牙南部坐落着两个小城——乌韦达和巴埃萨,对于当地城市形态学的研究可以追溯到 9 世纪摩尔人统治时期及 13 世纪的收复领土时期。到了 16 世纪,随着文艺复兴运动的发展,当地也出现了文艺复兴的形势,使这两个小城得到了重大发展。这种有计划的影响其实就是新人文主义思想从意大利传到西班牙后带来的。这一思想后来从西班牙传到了拉丁美洲,对那里的建筑一直产生着巨大影响。

外文名称: Renaissance Monumental Ensembles of Úbeda and Baeza

遗产类别:世界文化遗产

批准时间:2003

符合标准:(ii)(iv)

埃纳雷斯堡大学城及历史区

埃纳雷斯堡大学,又名贡普鲁滕塞大学,是近代欧洲最重要的文化学术中心之一,也是西班牙文化向世界传播的基地。

世界遗产委员会评价:埃纳雷斯堡是世界上第一座被规划成为大学城的城市,由西奈罗斯红衣大主教于 16 世纪早期建立。埃纳雷斯堡是后来西班牙传教士带到美洲的理想城市社区(又被称为上帝之城)的范本,同时它也为欧洲乃至全世界的大学提供了设计模型。

外文名称: University and Historic Precinct of Alcalá de Henares

遗产类别:世界文化遗产

批准时间:1998

符合标准:(ii)(iv)(vi)

马德里埃斯科里亚尔修道院和遗址

马德里埃斯科里亚尔修道院和遗址位于西班牙马德里市西北约 50 千米

处的瓜达拉马山南坡,是世界上最大最美的宗教建筑之一。其集修道院、宫殿、教堂、图书馆、神学院、学校等八位一体,雄伟壮观,并珍藏了欧洲各艺术大师的名作,有"世界第八大奇迹"之称。

世界遗产委员会评价:埃斯科里亚尔修道院建于 16 世纪末,位于环境优美的卡斯蒂尔。整个修道院的设计采用长方形格子结构,这样的设计是为了纪念殉难的基督教徒圣劳伦斯,因为他当年就是被这样的刑具折磨致死的。这种简朴且与以往截然不同的建筑风格影响了西班牙半个多世纪。这里还曾是一位神秘国王的隐居之所。到菲利普二世统治后期,这里成为当时最强大的政治中心。

外文名称:Monastery and Site of the Escurial,Madrid

遗产类别:世界文化遗产

批准时间:1984

符合标准:(i)(ii)(vi)

巴塞罗那的帕劳音乐厅及圣保罗医院

世界遗产委员会评价:作为建筑界新秀的加泰罗尼亚建筑师蒙塔内尔对巴塞罗那的建筑有两项最出色的贡献,即加泰罗尼亚音乐厅和圣保罗医院。加泰罗尼亚音乐厅由巨大的钢架结构组成,光线充足、空间开阔,由当时许多顶尖设计师进行内部装饰。圣保罗医院的设计和装饰同样大胆创新,同时它也尽善尽美地符合病人们的需求。

外文名称:Palau de la Música Catalana and Hospital de Sant Pau,Barcelona

遗产类别:世界文化遗产

批准时间:1997

符合标准:(i)(ii)(iv)

葡萄牙

◎ **首都**：里斯本

🤝 **伙伴关系**：全面战略伙伴关系（2005）

◎ **世界文化遗产**：葡萄酒产区上杜罗，吉马良斯历史中心，科英布拉大学——阿尔塔和索菲亚，哲罗姆派修道院和里斯本贝莱姆塔，亚速尔群岛英雄港的城镇中心区，托马尔的基督会院，巴塔利亚修道院，埃武拉历史中心，阿尔科巴萨修道院，辛特拉文化景观，波尔图历史中心，科阿谷和谢加贝尔德的史前岩石艺术遗迹（与西班牙共享），皮库岛葡萄园文化景观，带驻防的边境城镇埃尔瓦斯及其防御工事，共 14 处。

葡萄酒产区上杜罗

世界遗产委员会评价：在葡萄酒的产区上杜罗，当地人酿酒的历史可以追溯到 2000 多年前。从 18 世纪开始，当地生产的葡萄酒就以质量好而世界闻名。长期的葡萄种植传统使得当地具有了独特的文化景致，展示着上杜罗的技术、社会及经济进步和发展。

外文名称：Alto Douro Wine Region

遗产类别：世界文化遗产

批准时间：2001

符合标准：(iii)(iv)(v)

吉马良斯历史中心

吉马良斯老城是一座始建于 4 世纪的仅有 1 万多人的小城。诞生在这个小城的阿方索亨利克斯,于 1143 年以吉马良斯为都城,创建了葡萄牙王国,因此葡萄牙人称吉马良斯为"葡萄牙的摇篮"。

世界遗产委员会评价:吉马良斯历史中心的发展与 12 世纪葡萄牙王国的建立有着密切的关系。当地保存完好、高度保真的建筑展示了一个中世纪小镇转变成现代都市的演化过程。由于当地一直使用的都是传统的建筑材料和技术,吉马良斯古镇中各个类型的建筑向世人讲述着 15—19 世纪葡萄牙建筑的发展史。吉马良斯历史中心是外来文化占领特定地区的独特范例,许多宫殿和修道院的建造时间可追溯到 15 世纪。

外文名称:Historic Centre of Guimarães

遗产类别:世界文化遗产

批准时间:2001

符合标准:(ii)(iii)(iv)

科英布拉大学——阿尔塔和索菲亚

科英布拉大学创建于 1290 年,为葡萄牙历史最悠久的大学,世界最古老的五所大学之一。

世界遗产委员会评价:著名的大学建筑包括 12 世纪的圣克鲁斯教堂和一些 16 世纪的学院,有 1573 年即收入大学的 Alcáova 王宫,巴洛克装饰的乔尼那图书馆,18 世纪的植物园,大学出版社和 20 世纪 40 年代创立的广阔的"大学城"。科英布拉大学建筑成了在葡语世界建设高等教育机构的参考样本,并对葡萄牙语的学习与文学产生重大影响。它树立了一个综合性大学城的典范,具有特殊的城市类型及世世代代传承的礼仪和文化传统。

外文名称:University of Coimbra—Alta and Sofia

遗产类别:世界文化遗产

批准时间：2013

符合标准：(ii)(iv)(vi)

哲罗姆派修道院和里斯本贝莱姆塔

贝莱姆塔是专门为纪念瓦斯科·达·伽马(1460—1524)而设的。他于1497年、1502年、1524年三次远航印度,最后死于葡萄牙驻印度总督任上。他开辟的航路,促进了欧亚商业关系的发展。

世界遗产委员会评价：哲罗姆派修道院位于里斯本海港入口处,始建于1502年,它是葡萄牙艺术巅峰时期的最好例证。它旁边的贝莱姆塔,则是为纪念航海家瓦斯科·达·伽马的航行而建立的,它向人们讲述着那段奠定了现代世界基础的大航海时代的故事。

外文名称：Monastery of the Hieronymites and Tower of Belém in Lisbon

遗产类别：世界文化遗产

批准时间：1983

符合标准：(iii)(vi)

瑞 士

◎ **首都**：伯尔尼

🤝 **伙伴关系**：创新战略伙伴关系(2016)

🏗 **"一带一路"项目**："中国制造 2025"同瑞士"工业 4.0"战略对接项目,在金融等领域的合作。

◎ **世界文化遗产**：伯尔尼古城,制表城镇拉绍德封与勒洛克规划,阿尔卑斯山周围的史前湖岸木桩建筑(与奥地利、法国、德国、意大利、斯洛文尼亚共享),米施泰尔的本笃会圣约翰女修道院,圣加尔修道院,拉沃葡萄园梯田,阿尔布拉-伯尔尼纳文化景观中的雷塔恩铁路(与意大利共享),柯布西耶的建筑作品——对现代主义运动的杰出贡献(7 国共享),贝林佐纳三座要塞及防卫墙和集镇,共 9 处。

伯 尔 尼 古 城

伯尔尼市是瑞士首都,因为市区街道中有许多街心泉,所以也被称为"泉城"。老城里的街心泉多建于 16 世纪,每个泉都有泉柱塑像,泉水从雕塑的柱石中潺潺流出,而这里的每一尊雕塑都讲述着一个传说、一则童话,形象生动,引人入胜。

世界遗产委员会评价:伯尔尼古城于 12 世纪建在阿勒河环绕的山丘上,古城几百年来不断发展进步,但城市的规划理念却始终如一。伯尔尼古城保留有 15 世纪典雅的拱形长廊和 16 世纪的喷泉等建筑,这些建筑的历史可追溯到各个不同的历史时期。这座中世纪城镇的主体建筑在 18 世纪重新修建,并保留了原来的历史风貌。

外文名称:Old City of Berne

遗产类别:世界文化遗产

批准时间:1983

符合标准:(iii)

制 表 城 镇 拉 绍 德 封 与 勒 洛 克 规 划

拉绍德封位于瑞士西北部,那里海拔 1000 多米且缺少水源,并不适合农业耕作。在这样的自然地理环境下,经过一代代手工艺大师的发扬光大,这里逐渐成为钟表行业的发源地和中心。该市的钟表博物馆收藏着从古代计时器到现代最精密钟表的各种展品,是瑞士最大、最引以为豪的钟表博物馆。勒洛克是瑞士一个手表工业制作中心,许多名表品牌如天梭、真利时、雅典手表等都源自此地。

卡尔·马克思曾在巨著《资本论》中把拉绍德封、勒洛克作为资本主义影响下从家庭手工业作坊到中型手工业工场的考察对象。

世界遗产委员会评价：拉绍德封和勒洛克是一个完整的工业时代的特殊产物，从 18 世纪末期至今，这两座城市一向以其城市的整体感、原始感和真实感而受到人们的喜爱。为适应逐渐崛起的钟表业，拉绍德封和勒洛克在几十年之内从海拔 1000 米地区的村落发展成城市。一成不变的气候条件、相对偏远的地理位置和原材料的不足，都未能阻挡这两座城市中的市民发展工业化的脚步。这两座小城虽然很不起眼，但是实际上却有着非同一般的历史价值。

外文名称：La Chaux-de-Fonds / Le Locle，Watchmaking Town Planning

遗产类别：世界文化遗产

批准时间：2009

符合标准：(iv)

阿尔卑斯山周围的史前湖岸木桩建筑（与奥地利、法国、德国、意大利、斯洛文尼亚共享）

世界遗产委员会评价：这一遗产包括位于阿尔卑斯山区内外的湖边、河岸及湿地边的 111 处（其中的 56 处位于瑞士）史前木桩建筑（又称干栏建筑）遗迹。这些小型定居点建于公元前 5000 年至公元前 500 年。对部分遗址的考古挖掘，已为我们提供了了解史前新石器时代及青铜时代欧洲阿尔卑斯山地区人民的生活，以及人类社区与周围环境互动情况的证据。这是一组保存极其完好、文化内涵丰富的定居点考古遗址，是研究这一地区早期农业社会的最重要的史料来源之一。

外文名称：Prehistoric Pile dwellings around the Alps

遗产类别：世界文化遗产

批准时间：2011

符合标准：(iv)(v)

米施泰尔的本笃会圣约翰女修道院

世界遗产委员会评价:米施泰尔的本笃会圣约翰女修道院位于格里森州的一个山谷中,是卡洛林王朝时期极具基督教革新运动特征修道院的典范。修道院内保存有具象壁画,绘制完成于公元 800 年,并保存有罗马时期的水彩绘画,堪称瑞士最伟大的艺术杰作。

外文名称:Benedictine Convent of St. John at Müstair

遗产类别:世界文化遗产

批准时间:1983

符合标准:(iii)

圣加尔修道院

世界遗产委员会评价:从 8 世纪至 19 世纪初脱离宗教影响,圣加尔修道院一直是欧洲最重要的建筑之一,是卡洛林王朝时期修道院建筑风格的完美再现。修道院图书馆是世界上历史最悠久、馆藏最丰富的图书馆之一,其藏品中保存有许多珍贵的手稿,部分手稿写于羊皮上,内容是最初的建筑构想。修道院社区于 1755—1768 年按巴洛克式的风格重建。大教堂和图书馆是该宏伟建筑群的主要代表,1200 年以来,人们在此活动不断。

外文名称:Abbey of St. Gall

遗产类别:世界文化遗产

批准时间:1983

符合标准:(ii)(iv)

拉沃葡萄园梯田

世界遗产委员会评价:拉沃葡萄园梯田的文化景观展示了在人类与自然环境长达数世纪之久的互动下,把当地资源做了最有效的运用,进而生产出高价值酒品的杰出例证。在面对快速成长的城市聚落可能产生的危害时,当地的社区也为这个地区提供了许多保护的途径。拉沃地区大大促进了洛桑及其周边地区的发展,但也受到了城市化的威胁。人们对这一地区保护措施的支持堪称典范。

外文名称: Lavaux, Vineyard Terraces

遗产类别: 世界文化遗产

批准时间: 2007

符合标准: (iii)(iv)(v)

阿尔布拉-伯尔尼纳文化景观中的雷塔恩铁路(与意大利共享)

世界遗产委员会评价: 这处遗产包括两条具有历史意义的铁路,这两条铁路从两处关口穿越了瑞士的阿尔卑斯山。阿尔布拉线于 1904 年开通,长 67 千米,位于该文化景观的西北部。这条铁路的结构非常独特,令人印象深刻,其中包括 42 条隧道和封闭式地道及 144 座高架桥和其他桥梁。伯尔尼纳线全长 61 千米,包括 13 条隧道和地道及 52 座高架桥和其他桥梁。这处遗产是 20 世纪早期利用铁路连接阿尔卑斯山中部偏僻居民点的典范,为山区人民的生活带来了重大而深远的社会经济影响。这处遗产集精良技术、杰出建筑和优美环境之大成,展现了建筑和土木工程学的辉煌成就,与沿途的环境和谐地融为一体。

外文名称: Rhaetian Railway in the Albula / Bernina Landscapes

遗产类别: 世界文化遗产

批准时间: 2008

符合标准: (ii)(iv)

柯布西耶的建筑作品——对现代主义运动的杰出贡献(7 国共享)

柯布西耶是 20 世纪最重要的建筑师之一,被公认为"功能主义建筑之父"。

世界遗产委员会评价: 柯布西耶被列入世界遗产的 17 个建筑作品分布在全球 7 个国家,即阿根廷、比利时、法国、德国、印度、日本和瑞士。这 17 座建筑历时半个世纪建成,用柯布西耶的话来说,这是一个"耐心的探索",创造出一种与过去决裂的全新的建筑语言。这些建筑包括印度的昌迪加尔市政大厦和政府总部、日本东京的国立西洋美术馆、阿根廷拉普拉塔库鲁切特博士住宅、法国马赛的马赛公寓、法国巴黎的萨伏伊别墅、比利时的吉耶特大宅等,体现了现代主义运动为了适应社会需求而引入的全新的建筑技法,而这些天才之作也是全球建筑事务国际化的重要证明。

外文名称:The Architectural Work of Le Corbusier,an Outstanding Contribution to the Modern Movement

遗产类别:世界文化遗产

批准时间:2016

符合标准:(i)(ii)(vi)

法　国

⊙ **首都**:巴黎

🤝 **伙伴关系**:全面战略伙伴关系(2004)

🏗 **"一带一路"项目**:中欧班列(武汉—里昂)。

◎ **世界文化遗产**:枫丹白露宫及庭院,凡尔赛宫及其园林,肖维岩洞,亚眠大教堂,米迪运河,巴黎塞纳河畔,香槟地区的山坡葡萄园、酒庄与酒窖,奥朗日古罗马剧院和凯旋门,圣米歇尔山及其海湾,沙特尔大教堂,韦兹莱教堂和山丘,韦泽尔峡谷洞穴群与史前遗址,阿尔勒城的古罗马建筑,丰特莱的西斯特尔教团修道院,阿尔克-塞南皇家盐场,南锡的斯坦尼斯拉斯广场、卡里埃勒广场和阿莱昂斯广场,圣塞文-梭尔-加尔坦佩教堂,加尔桥(古罗马输水道),斯特拉斯堡——大岛,兰斯的圣母大教堂,原圣勒弥修道院和塔乌宫,布尔日大教堂,阿维尼翁——教皇宫、主教圣堂和阿维尼翁桥,卡尔卡松历史要塞城堡,里昂的历史遗迹,法国圣地亚哥-德孔波斯特拉朝圣之路,比利时和法国的钟楼,圣艾米伦区,从卢瓦尔河畔的叙利至沙洛纳之间的卢瓦尔河谷,普罗万中世纪古镇,勒阿弗尔-奥古斯特·佩雷重建之城,波尔多月亮港,沃邦设计的堡垒建筑,阿尔比主教城,阿尔卑斯山周围的史前湖岸木桩建筑(与瑞士、奥地利、意大利、德国、斯洛文尼亚共享),喀斯和塞文-地中海农牧文化景观,北部-加来海峡的采矿盆地,勃艮第葡萄园风土,柯布西耶建筑作品——对现代主义运动的杰出贡献(7国共享),塔普塔普阿泰,共40处。

枫丹白露宫及庭院

枫丹白露宫是法国最大的王宫之一。在西方博物馆中,收藏和展览圆明园珍宝最多最好的要数枫丹白露宫,宫中的中国馆可以说是圆明园在西方的再现。馆内陈列着中国明清时期的名画、金玉首饰、牙雕、玉雕等上千件艺术珍品。

世界遗产委员会评价:枫丹白露宫位于法兰西岛广阔的森林中心。从12世纪起就作为法国国王狩猎的行宫。16世纪时弗朗索瓦一世想造就一个"新罗马城",把此宫重新改建、扩大、装饰。面貌一新的宫殿被巨大开阔的庭院所环绕,富有意大利建筑的韵味,把文艺复兴时期的风格和法国传统艺术完美和谐地融合在了一起。

外文名称:Palace and Park of Fontainebleau

遗产类别:世界文化遗产

批准时间:1981

符合标准:(ii)(vi)

凡尔赛宫及其园林

凡尔赛宫位于法国巴黎西南郊外伊夫林省省会凡尔赛镇,作为法兰西皇宫长达107年(1682—1789),是世界五大宫(北京故宫、法国凡尔赛宫、英国白金汉宫、美国白宫、俄罗斯克里姆林宫)之一。凡尔赛宫的园林是欧洲古典主义园林艺术的杰作。凡尔赛宫内陈放着来自世界各地的珍贵艺术品,其中有远涉重洋的中国古代瓷器。

世界遗产委员会评价:凡尔赛宫是路易十四至路易十六时期法国国王的居所。经过数代建筑师、雕刻家、装饰家、园林建筑师的不断改造润色,一个多世纪以来,凡尔赛宫一直是欧洲王室官邸的典范。

外文名称: Palace and Park of Versailles

遗产类别:世界文化遗产

批准时间:1979

符合标准:(i)(ii)(vi)

肖 维 岩 洞

肖维岩洞约在23000年前被碎石掩埋,直至1994年由3位法国探险家发现,被认为是世界上最杰出、最具历史意义的史前绘画遗址。

世界遗产委员会评价:肖维岩洞位于法国南部阿尔代什省瓦隆蓬达尔克附近的一个石灰岩山崖上,拥有世界上已知最古老、保存最完好的形象画,最早可追溯到石器时期晚期,这使它成为史前艺术的一个特殊见证。这个洞穴被一块岩石封闭了大约2万年,直到1994年发现后又被密封,这有助于保持它的原始状态。岩洞中有超过1000幅的壁画,结合了各种各样的人形和动物图案,具有非凡杰出的审美品质。它们展现了史前人类一系列优秀的绘画技艺,包括娴熟的色彩运用、绘画与雕刻的组合运用、结构准确性运用、三维与动感运用。壁画中的动物包括一些罕见的动物物种,如猛犸象、熊、野猫、犀牛、野牛。壁画中有约4000个史前动物群和各种人类足迹。

外文名称: Decorated cave of Pont d'Arc,known as Grotte Chauvet-Pont d'Arc,Ardèche

遗产类别:世界文化遗产

批准时间:2014

符合标准:(i)(iii)

亚 眠 大 教 堂

亚眠大教堂是法国最大的教堂,同时也是法国最美的教堂之一,从里到外,到处都是精美的雕刻物品,达 4000 多件,生动地再现了《圣经》中的几百个故事。这些雕刻被称为"亚眠圣经"。

世界遗产委员会评价:亚眠大教堂位于皮卡第(Picardy)地区中心,是 13 世纪最大的古典哥特式教堂之一。整个教堂规划连贯协调,正面三层塔式向内高挺,造型优美,主厅和南交叉甬道的侧厅里装饰有极富古典美的雕刻,别具一格。

外文名称: Amiens Cathedral

遗产类别:世界文化遗产

批准时间:1981

符合标准:(i)(ii)

米 迪 运 河

世界遗产委员会评价:运河总长 360 千米,各类船只通过运河在地中海和大西洋间穿梭往来,整个航运水系包括船闸、沟渠、桥梁、隧道等 328 个大小不等的人工建筑,创造了世界现代史上最辉煌的土木工程奇迹。运河建于 1667—1694 年,为工业革命开辟了道路。运河设计师皮埃尔-保罗·德里凯(Pierre-Paul Riquet)在设计上独具匠心,使运河与周边环境融为一体,实现了技术上的突破,堪称建筑佳作。

外文名称: Canal du Midi

遗产类别:世界文化遗产

批准时间:1996

符合标准:(i)(ii)(iv)(vi)

巴 黎 塞 纳 河 畔

巴黎的美,在很大程度上归功于在城区缓缓流过的塞纳河,它将城市分为南北两部分,而且两岸的发展速度几乎相同,这种现象在世界大城市中是极为罕见的。塞纳河自东向西流过巴黎,形成一个弧形,长约 13 千米。其两岸风光秀丽,楼房鳞次栉比,有的建筑已经历了几百年的风雨,有的则是现代技术的杰作,它们完美地体现了巴黎古往今来不同历史时期的建筑艺术与风格。

世界遗产委员会评价:从罗浮宫到埃菲尔铁塔,从协和广场到大小王宫,巴黎的历史变迁从塞纳河可见一斑。巴黎圣母院和圣礼拜堂堪称建筑杰作,而豪斯曼宽阔的广场和林荫道则影响着 19 世纪末和 20 世纪全世界的城市规划。

外文名称:Paris, Banks of the Seine

遗产类别:世界文化遗产

批准时间:1991

符合标准:(i)(ii)(iv)

香槟地区的山坡葡萄园、酒庄和酒窖

世界遗产委员会评价:从 17 世纪早期到 19 世纪工业革命初期,以瓶内第二次发酵技术酿制气泡葡萄酒的工艺即产生于香槟地区。它主要由三个完整部分组成:奥维耶、阿伊与阿伊河畔马勒伊历史悠久的葡萄种植园,兰斯的圣尼凯斯山丘,以及埃佩尔奈的夏布洛尔堡和香槟大道。这三处区域——历史悠久的山坡葡萄种植园供应盆地、生产基地(及与其配套的地下酒窖)和销售与配送中心(香槟酒厂)——呈现了完整的香槟生产过程。该遗产地是由高度专业化手工工艺发展成为农工业企业的典型代表。

外文名称:Champagne Hillsides, Houses and Cellars

遗产类别:世界文化遗产

批准时间:2015

符合标准:(iii)(iv)(vi)

德　国

⊚ **首都**：柏林

🤝 **伙伴关系**：全方位战略伙伴关系（2014）

🏗 **"一带一路"项目**：中欧班列（重庆—杜伊斯堡），中欧班列（郑州—汉堡）。

◎ **世界文化遗产**：波兹坦与柏林的宫殿与庭园，亚琛大教堂，希尔德斯海姆的圣玛丽大教堂和圣米迦勒教堂，古典魏玛，柏林博物馆岛，弗尔克林根钢铁厂，莱茵河中上游河谷，罗马帝国边界（与英国共享），斯佩耶尔大教堂，维尔茨堡宫、宫廷花园和广场，维斯教堂，布吕尔的奥古斯塔斯堡古堡和法尔肯拉斯特古堡，特里尔的古罗马建筑和教堂，汉萨同盟城市吕贝克，洛尔施修道院和老教堂，拉默尔斯堡矿山、戈斯拉尔古城和上哈茨的水动力采矿系统，班贝格城，莫尔布龙修道院，奎德林堡神学院、城堡和古城，魏玛和德绍的包豪斯建筑及其遗址，科隆大教堂，埃斯莱本和维腾贝格的路德纪念馆建筑群，瓦特堡城堡，德绍-沃尔利茨园林王国，赖谢瑙修道院之岛，埃森的矿业同盟工业区景观，施特拉尔松德与维斯马历史中心，不来梅市场的市政厅和罗兰城，马斯科夫公园/马扎科夫斯基公园（与波兰共享），包括施达特阿姆霍夫的雷根斯堡老城，阿尔卑斯山周围的史前湖岸木桩建筑（与瑞士、奥地利、法国、意大利、斯洛文尼亚共享），阿尔费尔德的法古斯工厂，拜罗伊特的侯爵歌剧院，威海姆苏赫山地公园，卡洛林时期面西建筑和科尔维城，汉堡仓库城"智利之家"，柯布西耶建筑作品——对现代主义运动的杰出贡献（7国共享），施瓦本侏罗山的洞穴和冰川时代的艺术，共38处。

波兹坦与柏林的宫殿与庭园

波兹坦与柏林的宫殿与庭园之无忧宫（Sans-Souci Palace），是18世纪德国建筑艺术的精华。宫殿前有喷泉，此喷泉采用圆形花瓣石雕修建，四周有"火""水""土""气"四个圆形花坛陪衬，花坛内塑有神像，尤以维纳斯像和水星神像造型精美，形象生动。据说整个宫内有1000多座以希腊神话人物为题材的石刻雕像。宫殿东侧还有珍藏124幅名画的画廊，这些绘画多为文艺复兴时期意大利、荷兰画家的名作。在无忧宫的一侧，有一座虽不宏伟但金碧辉煌的亭楼，该建筑被称为"中国楼"，采用中国传统的碧绿筒瓦、金黄色柱、伞状盖顶、落地圆柱结构。亭内桌椅完全仿造东方式样制造，亭前矗立着中国式香鼎。

世界遗产委员会评价：拥有占地500公顷的公园和150座建于1730—1916年期间的建筑物，波茨坦宫殿和庭园共同构成了一个艺术整体，其折中性强化了其独特性。遗址一直延伸到柏林-采伦多夫区（Berlin-Zehlendorf），其间的宫殿和庭园把哈弗尔河（River Havel）和格列尼克湖（Lake Glienicke）连接起来。位于无忧宫的伏尔泰宫是1745—1747年期间弗雷德里克二世（Frederick Ⅱ）在位期间修建的。

外文名称：Palaces and Parks of Potsdam and Berlin

遗产类别：世界文化遗产

批准时间：1991（1992年、1999年扩展范围）

符合标准：(i)(ii)(iv)

亚琛大教堂

亚琛大教堂修建于790—800年查理曼大帝时代，是德国著名的教堂，现存加洛林王朝建筑艺术最重要的范例，藏有不少价值连城的艺术珍品，被认为是北部欧洲最重要的教会艺术宝藏。936—1531年的近600年间，这里是32位德国国王加冕及多次帝国国会和宗教集会的所在地。

世界遗产委员会评价：这座宫殿式教堂整体结构呈长方形，屋顶为拱形，修建于 790—800 年查理曼大帝执政时期。建造这座教堂的灵感来源于东罗马帝国的教堂,在中世纪又对其进行了扩建。

外文名称:Aachen Cathedral

遗产类别:世界文化遗产

批准时间:1978

符合标准:(i)(ii)(iv)(vi)

希尔德斯海姆的圣玛丽大教堂和圣米迦勒教堂

希尔德斯海姆的圣玛丽大教堂在世界文化遗产中占据着重要的一席之地,这里陈列着厄恩斯特(侨居法国和美国的德国超现实主义画家)收藏的精美绝伦的中国古代瓷器、珍贵的古埃及艺术品。

世界遗产委员会评价:圣米迦勒教堂建造于 1010—1020 年间,严格遵循了对称的设计理念,两个对称的半圆形后殿是老撒克逊(Old Saxony)时期典型的奥图罗马式(Ottonian Romanesque)风格。教堂的内部装潢设计也是神圣罗马帝国的罗马式教堂风格,特别是木制天花板、粉刷的墙壁,以及有名的青铜门和伯那德青铜圆柱。圣玛丽大教堂的装饰也是这一风格。

外文名称:St. Mary's Cathedral and St. Michael's Church at Hildesheim

遗产类别:世界文化遗产

入选时间:1985

符合标准:(i)(ii)(iii)

古典魏玛

世界遗产委员会评价:18 世纪末至 19 世纪初,魏玛这一图林根(Thuringian)小城见证了当时文化的极度繁荣,吸引了许多作家及学者如歌德(Goethe)、席勒(Schiller)等。这种发展在周围地区高水平的建筑物和公园中也可见一斑。

外文名称:Classical Weimar

遗产类别:世界文化遗产

批准时间:1998

符合标准:(iii)(vi)

柏 林 博 物 馆 岛

世界遗产委员会评价:博物馆是一种社会现象,源于18世纪的启蒙运动。柏林博物馆岛共有五座建于1824—1930年间的博物馆,是一种理想的实现,展示了20世纪博物馆设计方式的变革。各个博物馆的设计都有意地在其艺术藏品之间建立起有机联系,而各建筑的规划和建筑质量又大大提升了馆中藏品的价值,这些藏品展示了各个时期人类文明发展的历程。

外文名称:Museumsinsel (Museum Island),Berlin

遗产类别:世界文化遗产

批准时间:1999

符合标准:(ii)(iv)

弗 尔 克 林 根 钢 铁 厂

世界遗产委员会评价:弗尔克林根钢铁厂占地6公顷,构成了弗尔克林根市的主体部分。尽管这座工厂已经停产,但它仍然是整个西欧和北美地区现存唯一一处保存完好的综合性钢铁厂遗址,向人们展示着19—20世纪时期建造和装备的钢铁厂风貌。

外文名称:Völklingen Ironworks

遗产类别:世界文化遗产

批准时间:1994

符合标准:(ii)(iv)

荷　兰

◎ **首都**：阿姆斯特丹

🤝 **伙伴关系**：全面合作伙伴关系（2014）

◎ **世界文化遗产**：金德代克-埃尔斯豪特风车群，斯霍克兰及周围地区，阿姆斯特丹的防线，威廉斯塔德历史区、内城和港口，沃达蒸汽泵站，比姆斯特尔圩田，里特费尔德的施罗德住宅，辛厄尔运河内侧的阿姆斯特丹 17 世纪运河环形区域，范内勒工厂，共 9 处。

金德代克-埃尔斯豪特风车群

世界遗产委员会评价：金德代克-埃尔斯豪特的风车网络系统是人工制作的突出景观，它展示了人类的独创性和坚韧性。当地人民依靠发展水利技术和应用水利技术，用近千年时间，建设了这个排水系统，并且成功地保护了这片土地。

外文名称：Mill Network at Kinderdijk-Elshout

遗产类别：世界文化遗产

批准时间：1997

符合标准：(i)(ii)(iv)

挪　威

首都：奥斯陆

世界文化遗产：阿尔塔岩画，布吕根，乌尔内斯木板教堂，勒罗斯矿业城镇和圆周区，维加群岛，斯特鲁维地王里探测弧线-挪威（10 国共享），尤坎-诺托登工业遗址，共 7 处。

阿尔塔岩画

世界遗产委员会评价：阿尔塔海湾临近北极圈，当地的这组岩画是公元前 4200—公元前 500 年人类居住的见证。数千幅岩石画和雕刻增加了我们对史前时代北极地区的环境和人类生活的认识。

外文名称：Rock Art of Alta
遗产类别：世界文化遗产
批准时间：1985
符合标准：(iii)

爱尔兰

首都：都柏林

    🤝 **伙伴关系**：互惠战略伙伴关系（2012）

    ◎ **世界文化遗产**：斯凯利格·迈克尔岛，博恩宫考古遗址群，共 2 处。

斯凯利格·迈克尔岛

    斯凯利格·迈克尔岛上的修道院建于 7 世纪，为欧洲现存最古老的修道院之一。

    世界遗产委员会评价：斯凯利格·迈克尔岛位于爱尔兰西南部海岸约 12 千米处。约 7 世纪起，一座隐修院就高高矗立在岩岛陡峭的山坡上了。这是最早的爱尔兰基督徒远离尘世，在非常艰苦的环境里生存的写照。斯凯利格·迈克尔岛地理位置极为偏远，致使人们直到现在都难以光顾，反而使其得到了特殊保护。

    外文名称：Sceilg Mhichíl

    遗产类别：世界文化遗产

    批准时间：1996

    符合标准：(iii)(iv)

英　国

    ◎ **首都**：伦敦

    🤝 **伙伴关系**：面向 21 世纪全球全面战略伙伴关系（2015）

    🏗 **"一带一路"项目**：欣克利角 C 核电项目。

    ◎ **世界文化遗产**：基尤皇家植物园（邱园），威斯敏斯特宫、西敏寺和圣玛格丽特教堂，巨石阵、埃夫伯里及周围的巨石遗迹，海上商城利物浦，铁桥峡谷,圭内斯郡爱德华国王城堡和城墙,达勒姆城堡和大教堂,圣基尔达,包括方廷斯修道院遗址的斯塔德利皇家公园,布莱尼姆宫,巴斯城,罗马帝国的边界(与德国共享),坎特伯雷大教堂、圣奥斯汀修道院和圣马丁教堂,伦敦塔,爱丁堡的老城和新城,格林尼治海岸区,奥尼克的新石器时代遗址,布莱纳文工业景观,百慕大圣乔治古镇及相关要塞,德文特河谷工厂群,多塞特和东德文海岸,新拉纳克,索尔泰尔,康沃尔和西德文矿业景观,庞特基西斯特输水道及运河,尼安德罗岩洞及周边环境,英格兰湖区,共 27 处。

基尤皇家植物园(邱园)

基尤皇家植物园坐落在泰晤士河畔的邱镇,因此也称邱园,1841 年正式成为英国皇家植物园,整体占地面积约 120 公顷。这里收集有世界最多种类的植物和植物标本,还有 2 个维多利亚时期玻璃温室技术的最佳样板。植物园内种植着英国和从世界各地移植来的热带、亚热带、温带、寒带、高山、湖泊、平原及丘陵生长的植物 4.5 万多种。园内常年万紫千红,风光旖旎。几十座巨大的暖房给那些异乡植物带来适宜的生态环境,有些植物已经在这里生长了 100 多年。植物园内还设有标本馆、图书馆和千年种子库。

基尤皇家植物园内设有 26 个专业花园和 6 个温室园,其中包括水生花园、树木园、杜鹃园、竹园、玫瑰园、草园、柏园等。经过了几百年的发展和进步,基尤皇家植物园已经从单一从事植物收集和展示的植物园成功转型为集教育、展览、科研、应用为一体的综合性机构。草园建于 1982 年,现在种植的草的种类有 550 种之多。竹园展示了 120 多种竹子,来自世界各地,包括中国甚至美洲大陆。

基尤皇家植物园内还遗存有大量古代的建筑小品,植物园中的宝塔为 Augusta 王妃在 1762 年所建。18 世纪中期,英国的园林设计中非常流行中国风。因此该宝塔高 50 多米,共 10 层,八角形的结构,塔顶的边缘有龙的图案。

世界遗产委员会评价:基尤皇家植物园是 18—20 世纪园林艺术发展最辉煌阶段的完美体现。现在植物园所拥有的极其丰富的有关植物学的收藏(标本、活的植物和文献),是经过了几个世纪积累的结果。自从 1759 年建立起,基尤皇家植物园就不断为植物多样性和经济植物学研究做出杰出贡献。

外文名称:Royal Botanic Gardens, Kew

遗产类别:世界文化遗产

批准时间:2003

符合标准:(ii)(iii)(iv)

威 斯 敏 斯 特 宫、西 敏 寺 和 圣 玛 格 丽 特 教 堂

英国国王、贵族、政要、科学家等名人去世后,多在西敏寺安葬或立纪念碑,这成了一种身份与荣誉的象征,其中包括查尔斯·达尔文、艾萨克·牛顿、查尔斯·狄更斯、温斯顿·丘吉尔等名人。

世界遗产委员会评价:在重要的中世纪遗迹原址上于 1840 年重建的威斯敏斯特宫是新哥特式建筑的典型。这里还包括圣玛格丽特教堂,这是一座小型的直角哥特式风格的中世纪教堂。威斯敏斯特教堂(西敏寺)具有重要的历史意义和象征意义,从 11 世纪起历代国王都在此举行加冕仪式。

外文名称:Palace of Westminster and Westminster Abbey including Saint Margaret's Church

遗产类别:世界文化遗产

批准时间:1987

符合标准:(i)(ii)(iv)

巨 石 阵、埃 夫 伯 里 及 周 围 的 巨 石 遗 迹

这是世界上最大的巨石林,也是欧洲最大的史前古迹。

世界遗产委员会评价:位于威尔特郡的巨石阵、埃夫伯里及其周围的巨石遗迹是世界上最负盛名的巨石林,它们由巨石围成圆圈,其排列方式对天文学的重要意义仍在探索之中。这个圣地和周围的新石器时代遗址为研究史前时代提供了至关重要的证据。

外文名称:Stonehenge, Avebury and Associated Sites

遗产类别:世界文化遗产

批准时间:1986

符合标准:(i)(ii)(iii)

海上商城利物浦

世界遗产委员会评价:海上商城利物浦的历史中心分为 6 个区,见证了 18—19 世纪世界主要贸易中心的发展历程。利物浦在英联邦的发展史上扮演着重要角色,并成为运送大量人口的主要港口,例如从北欧向美洲运送奴隶和移民。利物浦是现代船舶技术、运输系统和港口管理发展的先驱。利物浦海上商城以大量重要的商业、民用和公用建筑而著称,包括圣乔治大厅。

外文名称:Liverpool-Maritime Mercantile City

遗产类别:世界文化遗产

批准时间:2004

符合标准:(ii)(iii)(iv)

其他信息:濒危 2012

铁 桥 峡 谷

世界遗产委员会评价:众所周知,铁桥峡谷是工业革命的象征,它包含了 18 世纪推动这一工业区快速发展的所有要素,包括矿业和铁路工业。铁桥峡谷附近有 1708 年建成的煤溪谷的鼓风炉,以纪念此地焦炭的发现。连接铁桥峡谷的桥是世界上第一座用金属制成的桥,它对科学技术和建筑学的发展产生了巨大影响。

外文名称:Ironbridge Gorge

遗产类别:世界文化遗产

批准时间:1986

符合标准:(i)(ii)(iv)(vi)

南太平洋与拉丁美洲 3 国

斐济、智利、阿根廷

斐 济

◎ **首都**：苏瓦

🤝 **伙伴关系**：相互尊重、共同发展的战略伙伴关系（2014）

◎ **世界文化遗产**：莱武卡历史港口镇，共 1 处。

莱 武 卡 历 史 港 口 镇

世界遗产委员会评价：莱武卡建立于 1820 年左右，是斐济群岛中第一个欧洲人建立的定居点，是斐济历史最悠久的城市，也是斐济第一个现代化的城市。莱武卡既是一个重要的港口，也是一个贸易站，在 19 世纪早期作为贸易中心建立和发展起来，欧洲和美洲移民者在这里建造了仓库、商店、港湾设施、住宅、宗教建筑、教育设施、社会团体机构等。莱武卡是一座殖民地后期深受原住民影响的港口城市，也是一座鲜有的受当地土著人影响的晚期殖民港口城镇，土著人的房舍多于欧洲人房舍。

莱武卡是 19 世纪太平洋移民港口城市的最杰出代表，当地传统建筑深受欧洲和美洲建筑的影响，形成了世界上独一无二的城市景观。

外文名称：Levuka Historical Port Town

遗产类别：世界文化遗产

批准时间：2013

符合标准：(ii)(iv)

智　利

◎ **首都**：圣地亚哥

🤝 **伙伴关系**：全面战略伙伴关系（2016）

◎ **世界文化遗产**：拉帕努伊国家公园（复活节岛），奇洛埃的教堂群，瓦尔帕莱索港口城市历史区，亨伯斯通和圣劳拉硝石采石场，塞维尔铜矿城，印加路网（与阿根廷、玻利维亚、哥伦比亚、厄瓜多尔、秘鲁共享），共 6 处。

拉帕努伊国家公园（复活节岛）

世界遗产委员会评价：拉帕努伊是当地人对复活节岛（Easter Island）的称呼，岛上酝酿形成了一种独特的文化现象。公元 300 年时波利尼西亚人（Polynesian）在没有外界影响的情况下，形成了自己独特的、想象丰富的、原汁原味的纪念性雕刻和建筑传统。10—16 世纪，波利尼西亚人陆续建立了许多神殿，竖起了许多称为莫阿伊（Moai）的巨大石像，这些遗迹至今仍是一道无与伦比的文化风景，吸引全世界各地游人慕名来访。

外文名称：Rapa Nui National Park

遗产类别：世界文化遗产

批准时间：1995

符合标准：(i)(iii)(v)

奇洛埃的教堂群

世界遗产委员会评价：奇洛埃的教堂群是拉丁美洲特有的基督教木式建

筑的杰出代表,所代表的建筑传统始于 17、18 世纪的耶稣会布道团(Jesuit Peripatetic Mission),在 19 世纪得到圣方济会(Franciscans)的发扬,并流传至今。这些教堂象征了智利群岛文化的繁荣,也见证了当地文化与欧洲文化的成功融合,是建筑与自然环境,以及当地社会精神价值的有机统一。

外文名称:Churches of Chiloé

遗产类别:世界文化遗产

批准时间:2000

符合标准:(ii)(iii)

瓦尔帕莱索港口城市历史区

瓦尔帕莱索曾经是太平洋东岸最繁忙的港口城市,素有"天堂之路"的美称。

世界遗产委员会评价:瓦尔帕莱索是 19 世纪晚期拉丁美洲城市和建筑发展的典范。整个城市如同一个圆形露天剧场,布局非常有特色,山腰上随处可见本国的城市建筑,其中还点缀着星罗棋布的教堂尖塔,平地部分则采用几何布局。瓦尔帕莱索还完好地保存了一些早年有趣的工业基础设施,例如陡峭山坡上不计其数的"起卸机"。

外文名称:Historic Quarter of the Seaport City of Valparaíso

遗产类别:世界文化遗产

批准时间:2003

符合标准:(iii)

亨伯斯通和圣劳拉硝石采石场

世界遗产委员会评价:亨伯斯通和圣劳拉硝石采石场遗址由 200 多个以前的采矿点组成,来自智利、秘鲁和玻利维亚的工人就居住在企业生活区中,形成了独特的社区文化。这种文化体现在丰富的语言、不凡的创造力和团结力上,尤其是争取社会公正的先锋精神,这对社会历史有着深远的影响。此处遗址位于地球上最干燥的沙漠之一——偏远的潘帕沙漠地区(desert

Pampa)。从 1880 年开始,成千上万名来自智利、秘鲁和玻利维亚的矿工就在这样恶劣的环境下生活和工作了 60 多年,开采世界上最大的硝石矿,生产化肥硝酸钠,用于改造北美洲、南美洲及欧洲的农田,并为智利创造了巨大财富。由于这里的建筑物容易遭到破坏,又受到地震影响,这里已被列入了《濒危世界遗产名录》,以便募集资源,对其实施保护。

外文名称:Humberstone and Santa Laura Saltpeter Works

遗产类别:世界文化遗产

批准时间:2005

符合标准:(ii)(iii)(iv)

其他信息:濒危 2005

塞维尔铜矿城

世界遗产委员会评价:塞维尔铜矿城建于 20 世纪早期,位于智利首都圣地亚哥以南 85 千米处,处于安第斯山海拔 2000 米以上的极端气候环境中,是布瑞登铜业公司(the Braden Copper company)在厄尔特尼恩特(El Teniente)这一世界最大的地下铜矿中为工人修建的工房。在当地劳动力与工业化国家的资源相融合,开采和冶炼高价值自然资源的过程中,这个小镇诞生了,它是位于世界偏远地区企业生活区的杰出典范。在巅峰时期,塞维尔拥有 1.5 万名居民,但在 20 世纪 70 年代小镇的大部分都被废弃了。小镇沿着从火车站升起的庞大的中心阶梯而建,地势非常陡峭,轮式车辆根本无法抵达。沿着大路分布着种有观赏树木和植物的不规则方形区域,这构成了小镇的主要公共活动区或广场。在中央阶梯之外,环山小路通往较小的广场和连接小镇其他区域的二级阶梯。沿街建筑是由原木搭建的,通常漆成鲜艳的绿色、黄色、红色和蓝色。这些房屋由美国设计师设计,其中大多数是按照美国 19 世纪的风格建造的,但是其他建筑,如工艺学校(1936)则是现代主义灵感的产物。塞维尔是 20 世纪唯一一座为全年度使用而在山区建造的大规模工业采矿住区。

外文名称:Sewell Mining Town

遗产类别:世界文化遗产

批准时间：2006

符合标准：（ii）

阿根廷

◎ **首都**：布宜诺斯艾利斯

🤝 **伙伴关系**：全面战略伙伴关系（2014）

🏗 **"一带一路"项目**：圣马丁铁路改造项目。

◎ **世界文化遗产**：平图拉斯河的手洞，塔夫拉达·德乌玛瓦卡，科尔多瓦耶稣会街区和庄园，印加路网（与智利、秘鲁、玻利维亚、哥伦比亚、厄瓜多尔共享），共 6 处，瓜拉尼人聚居地的耶稣会传教区（与巴西共享），柯布西耶建筑作品——对现代主义运动的杰出贡献（7 国共享）。

平图拉斯河的手洞

Cueva de las Manos 的意思是"手洞"，它由一系列的峡谷山洞组成。洞内的墙壁上有岩画，画的全是各种各样的手，看上去仿佛是分布于一个多枝树杈上的许多树叶。这是出自一个智慧民族的伟大杰作，而这个民族现今已经消失。除了手之外，洞内还画有很多当地常见动物的形象，例如红褐色美洲驼。

在 17 世纪欧洲人到来之前，这里一直是泰韦尔切人的居住地，他们保护着这些画，保存着对古老的神圣的敬仰。如今泰韦尔切人已经从这里消失。

世界遗产委员会评价：平图拉斯河的手洞中的岩画所体现的卓越洞窟艺术可追溯到 9500—13000 年以前。"手洞"的名字取自洞窟中人手的雕画形象。此外还有很多当地常见动物的形象描绘，例如美洲驼，以及一些狩猎场景。创作这些岩画的人很可能是巴塔哥尼亚人(Patagonia)的祖先。19世纪,欧洲殖民者发现了这些以狩猎和采集为生的部落。

外文名称:Cueva de las Manos, Río Pinturas

遗产类别:世界文化遗产

批准时间:1999

符合标准:(iii)

塔夫拉达·德乌玛瓦卡

塔夫拉达·德乌玛瓦卡地区10000多年来一直是从安第斯山脉高原到平原的人们交通与交流的至关紧要的通道。它的富有特色的前西班牙和前印加的居住地与和它相邻的地区形成一体,构造了一道独特生动的风景,堪称一绝。

世界遗产委员会评价:德乌玛瓦卡山谷沿一条主要的文化路线——卡米诺印加分布。其源头起自安蒂恩高原(the High Andean Lands)上寒冷的荒原,沿格兰德河谷 (the Rio Grande) 延伸,直到南部150千米与莱昂河(the Rio Leone) 汇合处。山谷里的遗迹向世人展示了过去10000年间,它被作为主要的商业通道的历史。有多处明显的遗迹表明,这里曾先后是史前的狩猎群体聚集地,而且还是印加帝国时代(15—16世纪)和19—20世纪人们为独立而斗争的战场。

外文名称:Quebrada de Humahuaca

遗产类别:世界文化遗产

批准时间:2003

符合标准:(ii)(iv)(v)

科尔多瓦耶稣会街区和庄园

世界遗产委员会评价:科尔多瓦耶稣会街区,坐落在巴拉圭的前耶稣会省中心,包括耶稣会的核心建筑——大学、教堂、耶稣教会住宅及学院。沿着5个牧场或者庄园,则是一些宗教和世俗建筑,诠释了17—18世纪的150多年间这片土地上进行的独一无二的宗教、社会和经济实验。

外文名称：Jesuit Block and Estancias of Córdoba

遗产类别：世界文化遗产

批准时间：2000

符合标准：（ii）（iv）

印加路网（与智利、秘鲁、玻利维亚、哥伦比亚、厄瓜多尔共享）

印加路网是南美洲被殖民前覆盖最广、最先进的运输系统。部分路网是由先于印加帝国的文明建造的，特别是瓦里文明。部分路网还在西班牙殖民时期沿用。印加路网主要的用户是帝国士兵、搬运工、美洲驼篷车及办理公务的贵族和个人。最负盛名的是马丘比丘小径：马丘比丘远离通常的路线，它作为皇家庄园，居住着印加执政者和几百个仆人。现在印加路网只有25％可见。

世界遗产委员会评价：印加路网全长约3万千米，是横跨印加地区的交通、贸易和防御道路网络系统。经过印加人几个世纪的建造，再加上部分基于前印加的道路设施，这一非凡的道路网络系统穿越了世界上最极端的地理地形，跨越了热带雨林、肥沃的山谷和干旱的沙漠，将安第斯山脉白雪皑皑的山峰（海拔高达6000多米）和海岸连接了起来。印加路网纵横安第斯山脉，在15世纪时达到其扩展的最大范围。印加路网6000多平方千米的范围内包括了273个遗址。这些精选的遗址充分显示了印加路网的社会、政治、建筑和工程建设成就，以及路网对贸易、住宿、仓储和宗教所起到的重要意义。

外文名称：Qhapaq Ñan，Andean Road System

遗产类别：世界文化遗产

批准时间：2014

符合标准：（ii）（iii）（iv）（vi）

附录

"一带一路"国际合作高峰论坛
圆桌峰会联合公报

2017 年 5 月 15 日　来源："一带一路"国际合作高峰论坛官方网站
www.beltandroandforum.org/n100/2017/0514/c24-414.html

　　1. 我们,中华人民共和国主席习近平,阿根廷总统马克里,白俄罗斯总统卢卡申科,智利总统巴切莱特,捷克总统泽曼,印度尼西亚总统佐科,哈萨克斯坦总统纳扎尔巴耶夫,肯尼亚总统肯雅塔,吉尔吉斯斯坦总统阿坦巴耶夫,老挝国家主席本扬,菲律宾总统杜特尔特,俄罗斯总统普京,瑞士联邦主席洛伊特哈德,土耳其总统埃尔多安,乌兹别克斯坦总统米尔济约耶夫,越南国家主席陈大光,柬埔寨首相洪森,埃塞俄比亚总理海尔马里亚姆,斐济总理姆拜尼马拉马,希腊总理齐普拉斯,匈牙利总理欧尔班,意大利总理真蒂洛尼,马来西亚总理纳吉布,蒙古国总理额尔登巴特,缅甸国务资政昂山素季,巴基斯坦总理谢里夫(时任),波兰总理希德沃,塞尔维亚总理、当选总统武契奇,西班牙首相拉霍伊,斯里兰卡总理维克勒马辛哈于 2017 年 5 月 15 日出席在北京举行的"一带一路"国际合作高峰论坛圆桌峰会。我们也欢迎联合国秘书长古特雷斯、世界银行行长金墉、国际货币基金组织总裁拉加德出席。会议由中华人民共和国主席习近平主持。

　　时代背景

　　2. 当前,世界经济深度调整,机遇与挑战并存。这是一个充满机遇的时代,各国都在追求和平、发展与合作。联合国 2030 年可持续发展议程为国际发展合作描绘了新蓝图。

　　3. 在此背景下,我们欢迎各国积极开展双边、三方、区域和多边合作,消除贫困,创造就业,应对国际金融危机影响,促进可持续发展,推进市场化产业转型,实现经济多元化发展。我们高兴地注意到,各国发展战略和互联互通合作倡议层出不穷,为加强国际合作提供了广阔空间。

4.我们进一步认识到,世界经济面临诸多挑战,虽在缓慢复苏,但下行风险犹存。全球贸易和投资增长依然低迷,以规则为基础的多边贸易体制有待加强。各国,特别是发展中国家仍然面临消除贫困、促进包容持续经济增长、实现可持续发展等共同挑战。

5.我们注意到,"丝绸之路经济带"和"21世纪海上丝绸之路"("一带一路"倡议)能够在挑战和变革中创造机遇,我们欢迎并支持"一带一路"倡议。该倡议旨在加强亚欧互联互通,同时对非洲、拉美等其他地区开放。"一带一路"作为一项重要的国际倡议,为各国深化合作提供了重要机遇,取得了积极成果,未来将为各方带来更多福祉。

6.我们强调,国际、地区和国别合作框架和倡议之间沟通协调能够为推进互联互通和可持续发展带来合作机遇。这些框架和倡议包括:2030年可持续发展议程,亚的斯亚贝巴行动议程,非洲2063年议程,文明古国论坛,亚太经合组织互联互通蓝图,东盟共同体愿景2025,亚欧会议及其互联互通工作组,商旅驿站关税倡议,中国和中东欧国家合作,中欧海陆快线,中间走廊倡议,中国—欧盟互联互通平台,欧盟东部伙伴关系,以平等、开放、透明为原则的欧亚伙伴关系,南美洲区域基础设施一体化倡议,东盟互联互通总体规划2025,欧亚经济联盟2030年经济发展基本方向,气候变化巴黎协定,跨欧洲交通运输网,西巴尔干六国互联互通议程,世界贸易组织贸易便利化协议等。

7.我们重申,在"一带一路"倡议等框架下,共同致力于建设开放型经济,确保自由包容性贸易,反对一切形式的保护主义。我们将努力促进以世界贸易组织为核心、普遍、以规则为基础、开放、非歧视、公平的多边贸易体制。

合作目标

8.我们主张加强"一带一路"倡议和各种发展战略的国际合作,建立更紧密合作伙伴关系,推动南北合作、南南合作和三方合作。

9.我们重申,在公平竞争和尊重市场规律与国际准则基础上,大力促进经济增长、扩大贸易和投资。我们欢迎推进产业合作、科技创新和区域经济一体化,推动中小微企业深入融入全球价值链。同时发挥税收和财政政策作用,将增长和生产性投资作为优先方向。

10.我们主张加强各国基础设施联通、规制衔接和人员往来。需要特别关注最不发达国家、内陆发展中国家、小岛屿发展中国家和中等收入国家，突破发展瓶颈，实现有效互联互通。

11. 我们致力于扩大人文交流，维护和平正义，加强社会凝聚力和包容性；促进民主、良政、法治、人权，推动性别平等和妇女赋权；共同打击一切形式的腐败和贿赂；更好应对儿童、残疾人、老年人等弱势群体诉求；完善全球经济治理，确保所有人公平享有发展机遇和成果。

12. 我们决心阻止地球的退化，包括在气候变化问题上立即采取行动，鼓励《巴黎协定》所有批约方全面落实协定；以平等、可持续的方式管理自然资源，保护并可持续利用海洋、淡水、森林、山地、旱地；保护生物多样性、生态系统和野生生物，防治荒漠化和土地退化等，实现经济、社会、环境三大领域综合、平衡、可持续发展。

13. 我们鼓励政府、国际和地区组织、私营部门、民间社会和广大民众共同参与，建立巩固友好关系，增进相互理解与信任。

合作原则

14. 我们将秉持和平合作、开放包容、互学互鉴、互利共赢、平等透明、相互尊重的精神，在共商、共建、共享的基础上，本着法治、机会均等原则加强合作。为此，我们根据各自国内法律和政策，强调以下合作原则：

(1) 平等协商。恪守《联合国宪章》宗旨和原则，尊重各国主权和领土完整等国际法基本准则；协商制定合作规划，推进合作项目。

(2) 互利共赢。寻求利益契合点和合作最大公约数，兼顾各方立场。

(3) 和谐包容。尊重自然和文化的多样性，相信所有文化和文明都能够为可持续发展做贡献。

(4) 市场运作。充分认识市场作用和企业主体地位，确保政府发挥适当作用，政府采购程序应开放、透明、非歧视。

(5) 平衡和可持续。强调项目的经济、社会、财政、金融和环境可持续性，促进环境高标准，同时统筹好经济增长、社会进步和环境保护之间的关系。

合作举措

15. 我们重申需要重点推动政策沟通、设施联通、贸易畅通、资金融通、民心相通，强调根据各国法律法规和相关国际义务，采取以下切实行动：

(1) 加强对话协商，促进各国发展战略对接，注意到"一带一路"倡议与第六段所列发展计划和倡议协调发展,促进欧洲、亚洲、南美洲、非洲等地区之间伙伴关系的努力。

(2)就宏观经济问题进行深入磋商,完善现有多双边合作对话机制,为务实合作和大型项目提供有力政策支持。

(3)加强创新合作,支持电子商务、数字经济、智慧城市、科技园区等领域的创新行动计划,鼓励在尊重知识产权的同时,加强互联网时代创新创业模式交流。

(4)推动在公路、铁路、港口、海上和内河运输、航空、能源管道、电力、海底电缆、光纤、电信、信息通信技术等领域务实合作,欢迎新亚欧大陆桥、北方海航道、中间走廊等多模式综合走廊和国际骨干通道建设,逐步构建国际性基础设施网络。

(5)通过借鉴相关国际标准、必要时统一规则体制和技术标准等手段,实现基础设施规划和建设协同效应最大化;为私人资本投资基础设施建设培育有利、可预测的环境;在有利于增加就业、提高效率的领域促进公私伙伴关系;欢迎国际金融机构加强对基础设施建设的支持和投入。

(6)深化经贸合作,维护多边贸易体制的权威和效力;共同推动世界贸易组织第11次部长级会议取得积极成果;推动贸易投资自由化和便利化;让普通民众从贸易中获益。

(7)通过培育新的贸易增长点、促进贸易平衡、推动电子商务和数字经济等方式扩大贸易,欢迎有兴趣的国家开展自贸区建设并商签自贸协定。

(8)推动全球价值链发展和供应链联结,同时确保安全生产,加强社会保障体系;增加双向投资,加强新兴产业、贸易、工业园区、跨境经济园区等领域合作。

(9)加强环境、生物多样性、自然资源保护、应对气候变化、抗灾、减灾、提高灾害风险管理能力、促进可再生能源和能效等领域合作。

(10)加强通关手续等方面信息交流,推动监管互认、执法互助、信息共享;加强海关合作,通过统一手续、降低成本等方式促进贸易便利化,同时促进保护知识产权合作。

(11)合作构建长期、稳定、可持续的融资体系;加强金融设施互联互通,创新投融资模式和平台,提高金融服务水平;探寻更好服务本地金融市场的机会;鼓励开发性金融机构发挥积极作用,加强与多边开发机构的合作。

(12)为构建稳定、公平的国际金融体系做贡献;通过推动支付体系合作和普惠金融等途径,促进金融市场相互开放和互联互通;鼓励金融机构在有关国家和地区设立分支机构;推动签署双边本币结算和合作协议,发展本币债券和股票市场;鼓励通过对话加强金融合作,规避金融风险。

(13)加强人文交流和民间纽带,深化教育、科技、体育、卫生、智库、媒体以及包括实习培训在内的能力建设等领域务实合作。

(14)鼓励不同文明间对话和文化交流,促进旅游业发展,保护世界文化和自然遗产。

愿景展望

16.我们携手推进"一带一路"建设和加强互联互通倡议对接的努力,为国际合作提供了新机遇、注入了新动力,有助于推动实现开放、包容和普惠的全球化。

17.我们重申,促进和平、推动互利合作、尊重《联合国宪章》宗旨原则和国际法,这是我们的共同责任;实现包容和可持续增长与发展、提高人民生活水平,这是我们的共同目标;构建繁荣、和平的人类命运共同体,这是我们的共同愿望。

18.我们祝贺中国成功举办"一带一路"国际合作高峰论坛。

"一带一路"国际合作高峰论坛成果清单

2017 年 5 月 16 日　来源："一带一路"国际合作高峰论坛官方网站

www.beltandroadforum.org/n100/2017/0516/c24-422.html

中国国家主席习近平在 2013 年提出共建丝绸之路经济带和 21 世纪海上丝绸之路的重要合作倡议。3 年多来，"一带一路"建设进展顺利，成果丰硕，受到国际社会的广泛欢迎和高度评价。2017 年 5 月 14 日至 15 日，中国在北京主办"一带一路"国际合作高峰论坛。这是各方共商、共建"一带一路"，共享互利合作成果的国际盛会，也是加强国际合作，对接彼此发展战略的重要合作平台。高峰论坛期间及前夕，各国政府、地方、企业等达成一系列合作共识、重要举措及务实成果，中方对其中具有代表性的一些成果进行了梳理和汇总，形成高峰论坛成果清单。清单主要涵盖政策沟通、设施联通、贸易畅通、资金融通、民心相通 5 大类，共 76 大项、270 多项具体成果。

一、推进战略对接，密切政策沟通

（一）中国政府与有关国家政府签署政府间"一带一路"合作谅解备忘录，包括蒙古国、巴基斯坦、尼泊尔、克罗地亚、黑山、波黑、阿尔巴尼亚、东帝汶、新加坡、缅甸、马来西亚。

（二）中国政府与有关国际组织签署"一带一路"合作文件，包括联合国开发计划署、联合国工业发展组织、联合国人类住区规划署、联合国儿童基金会、联合国人口基金、联合国贸易与发展会议、世界卫生组织、世界知识产权组织、国际刑警组织。

（三）中国政府与匈牙利政府签署关于共同编制中匈合作规划纲要的谅解备忘录，与老挝、柬埔寨政府签署共建"一带一路"政府间双边合作规划。

（四）中国政府部门与有关国际组织签署"一带一路"合作文件，包括联合国欧洲经济委员会、世界经济论坛、国际道路运输联盟、国际贸易中心、国际电信联盟、国际民航组织、联合国文明联盟、国际发展法律组织、世界气象组织、国际海事组织。

（五）中国国家发展和改革委员会与希腊经济发展部签署《中希重点领域2017—2019 年合作计划》。

（六）中国国家发展和改革委员会与捷克工业和贸易部签署关于共同协调推进"一带一路"倡议框架下合作规划及项目实施的谅解备忘录。

（七）中国财政部与相关国家财政部共同核准《"一带一路"融资指导原则》。

（八）中国政府有关部门发布《共建"一带一路"：理念、实践与中国的贡献》《推动"一带一路"能源合作的愿景与行动》《共同推进"一带一路"建设农业合作的愿景与行动》《关于推进绿色"一带一路"建设的指导意见》《"一带一路"建设海上合作设想》等文件。

（九）"一带一路"国际合作高峰论坛将定期举办，并成立论坛咨询委员会、论坛联络办公室等。

（十）中国国家发展和改革委员会成立"一带一路"建设促进中心，正式开通"一带一路"官方网站，发布海上丝路贸易指数。

二、深化项目合作，促进设施联通

（一）中国政府与乌兹别克斯坦、土耳其、白俄罗斯政府签署国际运输及战略对接协定。

（二）中国政府与泰国政府签署政府间和平利用核能协定。

（三）中国政府与马来西亚政府签署水资源领域谅解备忘录。

（四）中国国家发展和改革委员会与巴基斯坦规划发展和改革部签署关于中巴经济走廊项下开展巴基斯坦 1 号铁路干线升级改造和新建哈维连陆港项目合作的谅解备忘录。中国国家铁路局与巴基斯坦伊斯兰共和国铁道部签署关于实施巴基斯坦 1 号铁路干线升级改造和哈维连陆港项目建设的框架协议。

（五）中国商务部与柬埔寨公共工程与运输部签署关于加强基础设施领

域合作的谅解备忘录。

（六）中国工业和信息化部与阿富汗通信和信息技术部签署《信息技术合作谅解备忘录》。

（七）中国交通运输部与柬埔寨、巴基斯坦、缅甸等国有关部门签署"一带一路"交通运输领域合作文件。

（八）中国水利部与波兰环境部签署水资源领域合作谅解备忘录。

（九）中国国家能源局与瑞士环境、交通、能源和电信部瑞士联邦能源办公室签署能源合作路线图，与巴基斯坦水电部签署关于巴沙项目及巴基斯坦北部水电规划研究路线图的谅解备忘录和关于中巴经济走廊能源项目清单调整的协议。

（十）中国国家海洋局与柬埔寨环境部签署关于建立中柬联合海洋观测站的议定书。

（十一）中国铁路总公司与有关国家铁路公司签署《中国、白俄罗斯、德国、哈萨克斯坦、蒙古国、波兰、俄罗斯铁路关于深化中欧班列合作协议》。

（十二）中国国家开发银行与印度尼西亚—中国高铁有限公司签署雅万高铁项目融资协议，与斯里兰卡、巴基斯坦、老挝、埃及等国有关机构签署港口、电力、工业园区等领域基础设施融资合作协议。

（十三）中国进出口银行与塞尔维亚财政部签署匈塞铁路贝尔格莱德至旧帕佐瓦段贷款协议，与柬埔寨经济财政部、埃塞俄比亚财政部、哈萨克斯坦国家公路公司签署公路项目贷款协议，与越南财政部签署轻轨项目贷款协议，与塞尔维亚电信公司签署电信项目贷款协议，与蒙古国财政部签署桥梁项目贷款协议，与缅甸仰光机场公司签署机场扩改建项目贷款协议，与肯尼亚财政部签署内陆集装箱港堆场项目贷款协议。

（十四）全球能源互联网发展合作组织与联合国经济和社会事务部、联合国亚洲及太平洋经济社会委员会、阿拉伯国家联盟、非洲联盟、海湾合作委员会互联电网管理局签署能源领域合作备忘录。

三、扩大产业投资，实现贸易畅通

（一）中国政府与巴基斯坦、越南、柬埔寨、老挝、菲律宾、印度尼西亚、乌兹别克斯坦、白俄罗斯、蒙古国、肯尼亚、埃塞俄比亚、斐济、孟加拉国、斯里兰卡、缅甸、马尔代夫、阿塞拜疆、格鲁吉亚、亚美尼亚、阿富汗、阿尔巴尼亚、伊拉克、巴勒斯坦、黎巴嫩、波黑、黑山、叙利亚、塔吉克斯坦、尼泊尔、塞尔维亚等30个国家政府签署经贸合作协议。

（二）中国政府与格鲁吉亚政府签署中国—格鲁吉亚自贸协定文件。

（三）中国政府与斯里兰卡政府签署关于促进投资与经济合作框架协议。

（四）中国政府与阿富汗政府签署关于海关事务的合作与互助协定。

（五）中国商务部与60多个国家相关部门及国际组织共同发布推进"一带一路"贸易畅通合作倡议。

（六）中国商务部与摩尔多瓦经济部签署关于结束中国—摩尔多瓦自贸协定联合可研的谅解备忘录，与蒙古国对外关系部签署关于启动中国—蒙古国自由贸易协定联合可行性研究谅解备忘录。

（七）中国商务部与尼泊尔工业部签署关于建设中尼跨境经济合作区的谅解备忘录，与缅甸商务部签署关于建设中缅边境经济合作区的谅解备忘录。

（八）中国商务部与斯里兰卡发展战略与国际贸易部签署投资与经济技术合作发展中长期规划纲要，与蒙古国对外关系部签署关于加强贸易投资和经济合作谅解备忘录，与吉尔吉斯斯坦经济部签署关于促进中小企业发展的合作规划，与捷克工贸部、匈牙利外交与对外经济部签署关于中小企业合作的谅解备忘录，与越南工业贸易部签署关于电子商务合作的谅解备忘录。

（九）中国国家发展和改革委员会与吉尔吉斯斯坦经济部签署关于共同推动产能与投资合作重点项目的谅解备忘录，与阿联酋经济部签署关于加强产能与投资合作的框架协议。

（十）中国农业部与塞尔维亚农业与环境保护部签署关于制定农业经贸投资行动计划的备忘录，与阿根廷农业产业部签署农业合作战略行动计划，与智利农业部签署关于提升农业合作水平的五年规划（2017—2021），与埃及农业和土地改良部签署农业合作三年行动计划（2018—2020）。

（十一）中国海关总署与哈萨克斯坦、荷兰、波兰等国海关部门签署海关合作文件，深化沿线海关"信息互换、监管互认、执法互助"合作。

（十二）中国海关总署与国际道路运输联盟签署促进国际物流大通道建

设及实施《国际公路运输公约》的合作文件。

（十三）中国国家质量监督检验检疫总局与蒙古国、哈萨克斯坦、吉尔吉斯斯坦、乌兹别克斯坦、挪威、爱尔兰、塞尔维亚、荷兰、阿根廷、智利、坦桑尼亚等国相关部门签署检验检疫合作协议，与联合国工业发展组织、乌克兰和阿塞拜疆相关部门签署标准、计量、认证认可等国家质量技术基础领域合作协议，与俄罗斯、白俄罗斯、塞尔维亚、蒙古国、柬埔寨、马来西亚、哈萨克斯坦、埃塞俄比亚、希腊、瑞士、土耳其等国有关部门签署《关于加强标准合作，助推"一带一路"建设联合倡议》。

（十四）中国进出口银行与白俄罗斯、柬埔寨、埃塞俄比亚、老挝、肯尼亚、蒙古国、巴基斯坦财政部门签署工业园、输变电、风电、水坝、卫星、液压器厂等项目贷款协议，与埃及、孟加拉国、乌兹别克斯坦、沙特有关企业签署电网升级改造、燃煤电站、煤矿改造、轮胎厂等项目贷款协议，与菲律宾首都银行及信托公司签署融资授信额度战略合作框架协议。

（十五）中国国家开发银行与哈萨克斯坦、阿塞拜疆、印尼、马来西亚等国有关机构签署化工、冶金、石化等领域产能合作融资合作协议。

（十六）中国将从 2018 年起举办中国国际进口博览会。

四、加强金融合作，促进资金融通

（一）丝路基金新增资金 1000 亿元人民币。

（二）中国鼓励金融机构开展人民币海外基金业务，规模初步预计约 3000 亿元人民币，为"一带一路"提供资金支持。

（三）中国国家发展和改革委员会将设立中俄地区合作发展投资基金，总规模 1000 亿元人民币，首期 100 亿元人民币，推动中国东北地区与俄罗斯远东开发合作。

（四）中国财政部与亚洲开发银行、亚洲基础设施投资银行、欧洲复兴开发银行、欧洲投资银行、新开发银行、世界银行集团 6 家多边开发机构签署关于加强在"一带一路"倡议下相关领域合作的谅解备忘录。

（五）中国财政部联合多边开发银行将设立多边开发融资合作中心。

（六）中哈产能合作基金投入实际运作，签署支持中国电信企业参与"数字哈萨克斯坦2020"规划合作框架协议。

（七）丝路基金与上海合作组织银联体同意签署关于伙伴关系基础的备忘录。丝路基金与乌兹别克斯坦国家对外经济银行签署合作协议。

（八）中国国家开发银行设立"一带一路"基础设施专项贷款（1000亿元等值人民币）、"一带一路"产能合作专项贷款（1000亿元等值人民币）、"一带一路"金融合作专项贷款（500亿元等值人民币）。

（九）中国进出口银行设立"一带一路"专项贷款额度（1000亿元等值人民币）、"一带一路"基础设施专项贷款额度（300亿元等值人民币）。

（十）中国国家开发银行与法国国家投资银行共同投资中国—法国中小企业基金（二期），并签署《股权认购协议》；与意大利存贷款公司签署《设立中意联合投资基金谅解备忘录》；与伊朗商业银行、埃及银行、匈牙利开发银行、菲律宾首都银行、土耳其农业银行、奥地利奥合国际银行、柬埔寨加华银行、马来西亚马来亚银行开展融资、债券承销等领域务实合作。

（十一）中国进出口银行与马来西亚进出口银行、泰国进出口银行等"亚洲进出口银行论坛"成员机构签署授信额度框架协议，开展转贷款、贸易融资等领域务实合作。

（十二）中国出口信用保险公司同白俄罗斯、塞尔维亚、波兰、斯里兰卡、埃及等国同业机构签署合作协议，与埃及投资和国际合作部、老挝财政部、柬埔寨财政部、印尼投资协调委员会、波兰投资贸易局、肯尼亚财政部、伊朗中央银行、伊朗财政与经济事务部等有关国家政府部门及沙特阿拉伯发展基金、土耳其实业银行、土耳其担保银行、巴基斯坦联合银行等有关国家金融机构签署框架合作协议。

（十三）中国人民银行与国际货币基金组织合作建立基金组织—中国能力建设中心，为"一带一路"沿线国家提供培训。

（十四）中国进出口银行与联合国工业发展组织签署关于促进"一带一路"沿线国家可持续工业发展有关合作的联合声明。

（十五）亚洲金融合作协会正式成立。

（十六）中国工商银行与巴基斯坦、乌兹别克斯坦、奥地利等国家主要银行共同发起"一带一路"银行合作行动计划，建立"一带一路"银行常态化合作交流机制。

五、增强民生投入，深化民心相通

（一）中国政府将加大对沿线发展中国家的援助力度，未来 3 年总体援助规模不少于 600 亿元人民币。

（二）中国政府将向沿线发展中国家提供 20 亿元人民币紧急粮食援助。向南南合作援助基金增资 10 亿美元，用于发起中国—联合国 2030 年可持续发展议程合作倡议，支持在沿线国家实施 100 个"幸福家园"、100 个"爱心助困"、100 个"康复助医"等项目。向有关国际组织提供 10 亿美元，共同推动落实一批惠及沿线国家的国际合作项目，包括向沿线国家提供 100 个食品、帐篷、活动板房等难民援助项目，设立难民奖学金，为 500 名青少年难民提供受教育机会，资助 100 名难民运动员参加国际和区域赛事活动。

（三）中国政府与黎巴嫩政府签署《中华人民共和国政府和黎巴嫩共和国政府文化协定 2017—2020 年执行计划》，与突尼斯政府签署《中华人民共和国政府和突尼斯共和国政府关于互设文化中心的协定》，与土耳其政府签署《中华人民共和国政府和土耳其共和国政府关于互设文化中心的协定》。

（四）中国政府与联合国教科文组织签署《中国—联合国教科文组织合作谅解备忘录（2017—2020 年）》。

（五）中国政府与波兰政府签署政府间旅游合作协议。

（六）中国政府倡议启动《"一带一路"科技创新合作行动计划》，实施科技人文交流、共建联合实验室、科技园区合作、技术转移等四项行动。

（七）中国政府与世界粮食计划署、联合国国际移民组织、联合国儿童基金会、联合国难民署、世界卫生组织、红十字国际委员会、联合国开发计划署、联合国工业发展组织、世界贸易组织、国际民航组织、联合国人口基金会、联合国贸易和发展会议、国际贸易中心、联合国教科文组织等国际组织签署援助协议。

（八）中国教育部与俄罗斯、哈萨克斯坦、波黑、爱沙尼亚、老挝等国教育部门签署教育领域合作文件，与塞浦路斯签署相互承认高等教育学历和学位协议，与沿线国家建立音乐教育联盟。

（九）中国科技部与蒙古国教育文化科学体育部签署关于共同实施中蒙

青年科学家交流计划的谅解备忘录，与蒙古国教育文化科学体育部签署关于在蒙古国建立科技园区和创新基础设施发展合作的谅解备忘录，与匈牙利国家研发与创新署签署关于联合资助中匈科研合作项目的谅解备忘录。

（十）中国环境保护部发布《"一带一路"生态环境保护合作规划》，建设"一带一路"生态环保大数据服务平台，与联合国环境规划署共同发布建立"一带一路"绿色发展国际联盟的倡议。

（十一）中国财政部将设立"一带一路"财经发展研究中心。

（十二）中国国家卫生和计划生育委员会与捷克、挪威等国卫生部签署卫生领域合作文件。

（十三）中国国家旅游局与乌兹别克斯坦国家旅游发展委员会签署旅游合作协议，与智利经济、发展与旅游部签署旅游合作备忘录，与柬埔寨旅游部签署旅游合作备忘录实施方案。

（十四）中国国家新闻出版广电总局与土耳其广播电视最高委员会、沙特阿拉伯视听管理总局签署合作文件。中国中央电视台与有关国家主流媒体成立"一带一路"新闻合作联盟。

（十五）中国国务院新闻办公室与柬埔寨新闻部、文莱首相府新闻局、阿联酋国家媒体委员会、巴勒斯坦新闻部、阿尔巴尼亚部长会议传媒和公民关系局签署媒体交流合作谅解备忘录。

（十六）中国国务院新闻办公室与柬埔寨外交与国际合作部、文莱外交与贸易部政策与战略研究所、以色列外交部、巴勒斯坦外交部、阿尔巴尼亚外交部签署智库合作促进计划谅解备忘录。

（十七）中国国家开发银行将举办"一带一路"专项双多边交流培训，设立"一带一路"专项奖学金。

（十八）中国民间组织国际交流促进会联合80多家中国民间组织启动《中国社会组织推动"一带一路"民心相通行动计划（2017—2020）》，中国民间组织国际交流促进会和150多家中外民间组织共同成立"丝路沿线民间组织合作网络"。"一带一路"智库合作联盟启动"增进'一带一路'民心相通国际智库合作项目"。

（十九）中国国务院发展研究中心与联合国工业发展组织签署关于共建"一带一路"等合作的谅解备忘录。丝路国际智库网络50多家国际成员和伙伴与中方共同发布《丝路国际智库网络北京共同行动宣言》。

（二十）中国国际城市发展联盟与联合国人类住区规划署、世界卫生组织、世界城市和地方政府组织亚太区签署合作意向书。

“一带一路”主要国家世界文化遗产总表

洲	区域	国家	世界文化遗产 （包括世界文化遗产、自然与文化双遗产、世界文化景观三类。下列表中加粗者为本书详细介绍项目）	总数
亚洲	东亚	中国	**丝绸之路——起始段和天山廊道的路网**（与哈萨克斯坦、吉尔吉斯斯坦共享），**莫高窟**，五台山，**峨眉山及乐山大佛**，**云冈石窟**，**龙门石窟**，**布达拉宫历史建筑群**，**大足石刻**，**承德避暑山庄及周围寺庙**，周口店北京人遗址，黄山，**泰山**，殷墟，登封“天地之中”历史古迹，青城山与都江堰，**曲阜孔庙、孔林和孔府**，左江花山岩画，庐山国家公园，**武当山古建筑群**，**长城**，**大运河**，**秦始皇陵及兵马俑坑**，高句丽王城、王陵及贵族墓葬，红河哈尼梯田文化景观，**杭州西湖文化景观**，**苏州古典园林**，武夷山，**福建土楼**，元上都遗址，土司遗址，**丽江古城**，**平遥古城**，**明清故宫**（北京故宫、沈阳故宫），**天坛——北京皇家祭坛**，**颐和园——北京皇家园林**，明清皇家陵寝，**皖南古村落——西递、宏村**，澳门历史城区，开平碉楼与古村落，**鼓浪屿——历史国际社区**	40
		朝鲜	**开城历史古迹和遗址**，高句丽古墓群	2
		韩国	**宗庙**，韩国历史村落——河回村和良洞村，昌德宫建筑群，百济遗址区，海印寺及八万大藏经藏经处，高昌、华森和江华的史前墓遗，华松古堡，**石窟庵和佛国寺**，庆州历史区，南汉山城，朝鲜王陵	11
		日本	**古奈良历史遗迹**，**古京都遗址**（京都、宇治和大津城），**富士山——神圣之地和艺术启迪之源**，姬路城，富冈制丝厂及丝绸产业遗产群，广岛和平纪念公园（原爆遗址），**严岛神殿**，日光的神殿与庙宇，琉球王国遗迹，法隆寺地区佛教古迹，纪伊山脉胜地和朝圣路线文化景观，明治工业革命遗迹，石见银山遗迹及其文化景观，白川乡和五屹山历史村座，平泉——象征着佛教净土的庙宇、园林与考古遗址，柯布西耶的建筑作品（与阿根廷、比利时、法国、德国、印度、瑞士共享），“神宿之岛”冲之岛及宗像相关遗产群	17
		蒙古	阿尔泰山脉岩画群，鄂尔浑峡谷文化景观，布尔罕和乐敦圣山及其周围景观	3

续　表

洲	区域	国家	世界文化遗产 （包括世界文化遗产、自然与文化双遗产、世界文化景观 三类。下列表中加粗者为本书详细介绍项目）	总数
亚洲	东南亚	越南	**会安古镇**，河内升龙皇城，胡朝时期的城堡，长安名胜群，顺化历史建筑群，美山寺庙	6
		老挝	琅勃拉邦的古城，占巴塞文化景观内的瓦普庙和相关古民居	2
		柬埔寨	**吴哥窟**，帕威夏塔庙，古伊奢那补罗考古遗址的三波坡雷古寺庙区	3
		缅甸	**骠国古城**	1
		泰国	班清考古遗址，素可泰历史城镇及相关历史城镇，阿育他亚（大城）历史城及相关城镇	3
		菲律宾	菲律宾科迪勒拉山的水稻梯田，维甘历史古城，菲律宾的巴洛克教堂	3
		新加坡		0
		文莱		0
		东帝汶		0
		印度尼西亚	巴厘文化景观——展现"幸福三要素"哲学思想的苏巴克灌溉系统，婆罗浮屠寺庙群，普兰巴南寺庙群，桑吉兰早期人类遗址	4
		马来西亚	玲珑谷地的考古遗址，马六甲海峡的历史名城——马六甲与乔治城	2
	中亚	哈萨克斯坦	**丝绸之路——起始段和天山廊道的路网**（与中国、吉尔吉斯斯坦共享），泰姆格里考古景观岩刻，霍贾·艾哈迈德·亚萨维陵墓	3
		吉尔吉斯斯坦	**丝绸之路——起始段和天山廊道的路网**（与中国、哈萨克斯坦共享），苏莱曼圣山	2
		塔吉克斯坦	萨拉子目古城的原型城市遗址	1
		乌兹别克斯坦	处在文化十字路口的撒马尔罕城，布哈拉历史中心，沙赫利苏伯兹历史中心，伊钦·卡拉内城	4
		土库曼斯坦	梅尔夫历史与文化公园，尼莎帕提亚要塞，库尼亚-乌尔根奇	3

洲	区域	国家	世界文化遗产 （包括世界文化遗产、自然与文化双遗产、世界文化景观 三类。下列表中加粗者为本书详细介绍项目）	总数
亚洲	南亚	巴基斯坦	**塔克希拉，塔克特依巴依佛教遗址和萨尔依巴赫洛古遗址，摩亨佐达罗考古遗迹**，塔塔城的历史建筑，拉合尔古堡和夏利玛尔公园，罗赫达斯要塞	6
		阿富汗	**巴米扬山谷的文化景观和考古遗迹**，查姆回教寺院尖塔和考古遗址	2
		尼泊尔	**佛祖诞生地兰毗尼，加德满都谷地**	2
		不丹		0
		印度	**菩提伽耶的摩诃菩提寺**，印度那烂陀大寺遗址，**泰姬陵，简塔·曼塔天文台**，果阿的教堂和修道院，阿格拉古堡，阿旃陀石窟群，埃洛拉石窟群，默哈伯利布勒姆古迹群，科纳拉克太阳神庙，法塔赫布尔西格里，汉皮古迹群，卡杰拉霍建筑群，埃勒凡塔石窟（象岛石窟），帕塔达卡尔建筑群，朱罗王朝现存的神庙，桑吉佛教古迹，德里的顾特卜塔及其古建筑，德里的胡马雍陵，印度山区铁路，温迪亚山脉的比莫贝卡特石，尚庞-巴瓦加德考古公园，贾特拉帕蒂·希瓦吉终点站（前维多利亚终点站），德里红堡群，拉贾斯坦邦的高地城堡，古吉拉特邦帕坦县的皇后阶梯井，柯布西耶建筑作品（7国共享），干城章嘉峰国家公园，艾哈迈达巴德历史城区	29
		孟加拉	**帕哈尔普尔的佛教毗诃罗遗址**，巴凯尔哈特清真寺历史名城	2
		斯里兰卡	**阿努拉德普勒圣城，康提圣城，锡吉里亚古城，丹布勒金寺**，波隆纳鲁沃古城，加勒老城及其堡垒	6
		马尔代夫		0
	西亚	伊朗	**大不里士的集市区，苏萨，比索顿古迹，波斯园林，波斯波利斯，帕萨尔加德，巴姆城及其文化景观**，舒什达尔的古代水利系统，波斯坎儿井，塔赫特苏莱曼，伊斯法罕的聚礼清真寺，伊斯法罕王侯广场，戈勒斯坦宫，梅德满文化景观，沙赫里索克塔，卡布斯拱北塔，阿尔达比勒市的谢赫萨菲-丁圣殿与哈内阿加建筑群，伊朗的亚美尼亚庙宇群，苏丹尼叶城，恰高·占比尔，亚兹德历史城区	21

续　表

洲	区域	国家	世界文化遗产 （包括世界文化遗产、自然与文化双遗产、世界文化景观三类。下列表中加粗者为本书详细介绍项目）	总数
亚洲	西亚	伊拉克	**埃尔比勒城堡**，**亚述古城**，**哈特拉**，**萨迈拉古城**，伊拉克南部艾赫沃尔——生态多样性避难所和美索不达米亚城市遗迹景观	5
		叙利亚	**阿勒颇古城**，**帕尔米拉古城遗址**，**武士堡和萨拉丁堡**，**大马士革古城**，布斯拉古城，叙利亚北部古村落群	6
		沙特阿拉伯	**吉达古城——通向麦加之门**，沙特哈伊勒省的岩石艺术，德拉伊耶遗址的阿图赖夫区，石谷（玛甸沙勒）考古遗址	4
		卡塔尔	**祖巴拉考古遗址**	1
		约旦	**库塞尔阿姆拉**，**佩特拉**，**瓦迪拉姆保护区**，乌姆赖萨斯考古遗址，施洗地"约旦河伯大尼"	5
		巴勒斯坦	**耶稣诞生地——伯利恒主诞堂和朝圣线路**，希伯伦老城，橄榄与葡萄酒之地——南耶路撒冷文化景观	3
		以色列	**熏香之路——内盖夫的沙漠城镇**，**马萨达**，**迦密山人类进化遗址：梅尔瓦特河/瓦迪·艾玛哈尔洞穴群**，**海法和西加利利的巴海圣地**，**阿克古城**，**特拉维夫白城——现代运动**，米吉多、夏琐和基色圣地，犹大低地的马沙-巴塔·古夫林洞穴、洞穴之乡的缩影，贝特沙瑞姆大型公墓——犹太复兴中心	9
		黎巴嫩	**比布鲁斯**，**夸底·夸底沙（圣谷）和神杉林**，**提尔城**，安杰尔，巴勒贝克	5
		也门	**萨那古城**，**乍比得历史古城**，城墙环绕的希巴姆古城	3
		阿曼	**乳香之路**，巴特·库特姆特和艾因考古遗址，阿曼的阿夫拉贾灌溉体系，巴赫莱要塞	4
		阿拉伯联合酋长国	**艾恩文化遗址——哈菲特、西里、比达-宾特-沙特及绿洲**	1
		科威特		0
		巴林	**巴林贸易港考古遗址**，采珠业——岛屿经济的见证	2
		塞浦路斯	**帕福斯**，乔伊鲁科蒂亚，特罗多斯地区的彩绘教堂	3

洲	区域	国家	世界文化遗产 （包括世界文化遗产、自然与文化双遗产、世界文化景观三类。下列表中加粗者为本书详细介绍项目）	总数
亚洲	西亚	土耳其	**伊斯坦布尔历史区**，加泰土丘的新石器时代遗址，特洛伊考古遗址，哈图莎——希泰首都，阿弗洛狄西亚，帕加马卫城及其多层次文化景观，赫拉波利斯和帕穆克卡莱，**以弗所**，迪夫里伊的大清真寺和医院，**格雷梅国家公园和卡帕多西亚石窟建筑**，布尔萨和库马利吉兹克历史遗迹群——奥斯曼帝国的诞生，赛利米耶清真寺及其社会性建筑群，萨夫兰博卢城，桑索斯和莱顿，阿尼古城考古遗址，迪亚巴克要塞和哈乌塞尔花园文化景观，内姆鲁特达格	17
			耶路撒冷（主权有争议）	1
小计			亚洲45国，共247处世界文化遗产，介绍167处	
非洲	东北非	埃塞俄比亚	**阿瓦什低谷**，奥莫低谷，蒂亚，阿克苏姆考古遗址，**拉利贝拉岩石教堂**，历史要塞城市哈勒尔，孔索文化景观，贡德尔地区的法西尔·盖比城堡及古建筑	8
		肯尼亚	图尔卡纳湖国家公园，**拉穆古镇**，米吉肯达圣林，蒙巴萨的耶稣堡	4
		埃及	**孟菲斯及其墓地金字塔**，**开罗古城**，阿布辛拜勒至菲莱的努比亚遗址，圣卡特琳娜地区，**底比斯古城及其墓地**，阿布米那基督教遗址	6
		吉布提		
		突尼斯	沙格镇，**突尼斯的阿拉伯人聚居区**，杰姆的圆形竞技场，**迦太基的考古遗迹**，苏塞古城，凯鲁万，科克瓦尼布尼城及其陵园	7
		坦桑尼亚	**基尔瓦基斯瓦尼遗址和松戈马拉遗址**，恩戈罗恩戈罗自然保护区，孔多阿岩画遗址，桑给巴尔石头城	4
小计			东北非洲6国，共29处世界文化遗产，介绍21处	
欧洲	独联体	俄罗斯	岛村斯维亚日斯克圣母升天大教堂与修道院，**莫斯科里姆林宫和红场**，索洛维茨基群岛的历史建筑群，库尔斯沙嘴（与立陶宛共享），弗拉基米尔和苏兹达尔历史遗迹，德尔本特城堡、古城及要塞，博尔格尔历史和考古遗址，诺夫哥罗德及其周围的历史古迹，科罗缅斯克的耶稣升天教堂，喀山克里姆林宫的历史建筑群，新圣女修道院，**圣彼得堡历史中心及其相关古迹群**，基日岛的木结构教堂，斯特鲁维地理探测弧线-俄罗斯（10国共享），谢尔吉圣三一大修道院，费拉邦多夫修道院遗址群，雅罗斯拉夫尔城的历史中心	17

续　表

洲	区域	国家	世界文化遗产 （包括世界文化遗产、自然与文化双遗产、世界文化景观三类。下列表中加粗者为本书详细介绍项目）	总数
欧洲	独联体	白俄罗斯	**米尔城堡群**，**涅斯维日的拉济维乌家族城堡建筑群**，斯特鲁维地理探测弧线-白俄罗斯（10国共享）	3
		乌克兰	**基辅-圣·索菲娅教堂和佩乔尔斯克修道院**，**里沃夫历史中心**，在波兰和乌克兰边境处的喀尔巴阡山地区的木结构教堂，斯特鲁维地理探测弧线-乌克兰（10国共享），布科维纳与达尔马提亚的城市民居，陶瑞克-切森尼斯古城	6
		格鲁吉亚	**上斯瓦涅季**，**姆茨赫塔古城**，巴格拉特大教堂及格拉特修道院	3
		阿塞拜疆	**戈布斯坦岩石艺术文化景观**，城墙围绕的巴库城及其希尔凡王宫和少女塔	2
		亚美尼亚	**格加尔德修道院和上阿扎特山谷**，埃奇米河津教堂与兹瓦尔特诺茨考古遗址，哈格帕特修道院和萨那欣修道院	3
		摩尔多瓦	**斯特鲁维地理探测弧线-摩尔多瓦（10国共享）**	1
	中东欧	匈牙利	**布达佩斯（多瑙河两岸、布达城堡区和安德拉什大街）**，新锡德尔湖与费尔特湖地区文化景观（与奥地利共享），霍尔托巴吉国家公园，潘诺恩哈尔姆千年修道院及其自然环境，托卡伊葡萄酒产地历史文化景观，霍洛克古村落及其周边，佩奇的早期基督教陵墓，阿格泰列克洞穴和斯洛伐克喀斯特地貌（与斯洛伐克共享）	8
		塞尔维亚	**斯图德尼察修道院**，科索沃中世纪古迹，贾姆济格勒-罗慕利亚纳的加莱里乌斯宫，斯塔里斯和索泼查尼修道院，斯特茨中世纪墓地（与波黑、克罗地亚、黑山共享）	5
		捷克	**布拉格历史中心**，克鲁姆洛夫历史中心，利托米什尔城堡，克罗麦里兹花园和城堡，奥洛穆茨三位一体圣柱，霍拉索维采古村保护区，泰尔奇历史中心，特热比奇犹太社区及圣普罗科皮乌斯大教堂，库特纳霍拉历史名城中心的圣巴拉巴教堂及塞德莱茨的圣母玛利亚大教堂，莱德尼采-瓦尔季采文化景观，泽莱纳山的内波穆克圣约翰朝圣教堂，布尔诺的图根哈特别墅	12

洲	区域	国家	世界文化遗产 （包括世界文化遗产、自然与文化双遗产、世界文化景观三类。下列表中加粗者为本书详细介绍项目）	总数
欧洲	中东欧	波兰	**克拉科夫历史中心**,**中世纪古镇托伦**,博赫尼亚皇家盐矿,扎莫希奇古城,**穆斯考尔公园**(与德国共享),前纳粹德国奥斯维辛-比克瑙集中营(1940—1945),**华沙历史中心**,马尔堡的条顿骑士团城堡,南部小波兰木制教堂,波兰和乌克兰的喀尔巴阡地区的木制东正教堂,扎沃尔和思维得尼加的和平教堂,卡瓦利泽布日多夫斯津——自成一家的建筑景观朝圣园,弗罗茨瓦夫百年厅,塔尔诺夫斯克山铅银锌矿及其地下水管理系统	14
		罗马尼亚	**苏切维察修道院的复活教堂**,特兰西瓦尼亚村落及其设防的教堂,霍雷祖修道院,奥拉斯迪山的达亚恩城堡,锡吉什瓦拉历史中心,马拉暮莱斯的木结构教堂	6
		保加利亚	**内塞巴尔古城**,伊凡诺沃岩洞教堂,博雅纳教堂,马达腊骑士崖雕,卡赞利克的色雷斯古墓,里拉修道院,斯韦什塔里的色雷斯人墓	7
		克罗地亚	**史塔瑞格雷德平原**,**杜布罗夫尼克古城**,斯普利特古建筑群及戴克里先宫殿,历史名城特罗吉尔,波雷奇历史中心的尤弗拉西苏斯大教堂建筑群,西贝尼克的圣詹姆斯大教堂,斯特茨中世纪墓地(与波黑、黑山、塞尔维亚共享),15—17世纪威尼斯共和国的防御工事——西方的陆地之国到海洋之国(与意大利、黑山共享)	8
		阿尔巴尼亚	**培拉特与吉洛卡斯特拉历史中心**,布特林特	2
		立陶宛	**维尔纽斯历史中心**,克拿维考古遗址,库尔斯沙嘴(与俄罗斯共享),斯特鲁维地理探测弧线-立陶宛(10国共享)	4
		爱沙尼亚	**塔林历史中心(老城)**,斯特鲁维地理探测弧线-爱沙尼亚(10国共享)	2
		拉脱维亚	**里加历史中心**,斯特鲁维地理探测弧线-拉脱维亚(10国共享)	2
		斯洛伐克	**勒沃卡、斯皮思城堡及相关文化古迹**,伏尔考林耐克,历史名城班斯卡·什佳夫尼察及其工程建筑区,巴尔代约夫镇保护区,喀尔巴阡山斯洛伐克段的原木教堂	5
		斯洛文尼亚	**水银遗产——阿尔马登与伊德里亚**(与西班牙共享),阿尔卑斯地区史前湖岸木桩建筑(与奥地利、瑞士、法国、德国、意大利共享)	2

续　表

洲	区域	国家	世界文化遗产 （包括世界文化遗产、自然与文化双遗产、世界文化景观三类。下列表中加粗者为本书详细介绍项目）	总数
欧洲	中东欧	波斯尼亚和黑塞哥维那	**迈赫迈德·巴什·索科罗维奇的古桥**，莫斯塔尔旧城和旧桥地区，斯特茨中世纪墓地（与克罗地亚、黑山、塞尔维亚共享）	3
		黑山	**科托尔自然保护区和文化历史区**，斯特茨中世纪墓地（与波黑、克罗地亚、塞尔维亚共享），15—17世纪威尼斯共和国的防御工事——西方的陆地之国到海洋之国（与意大利、克罗地亚共享）	3
		马其顿	**奥赫里德地区文化历史遗迹及其自然景观**	1
	西欧	希腊	奥林匹亚考古遗址，提洛岛，萨莫斯岛的毕达哥利翁及赫拉神殿，迈锡尼和提那雅恩斯的考古遗址，韦尔吉纳的考古遗址，科孚古城，德尔斐考古遗址，雅典卫城，巴赛的阿波罗·伊壁鸠鲁神庙，埃皮达鲁斯遗址，腓立比考古遗迹，塞萨洛尼基古建筑，帕特摩斯岛的天启洞穴和圣约翰修道院，曼代奥拉，阿索斯山，达夫尼修道院、俄西俄斯罗卡斯修道院和希俄斯新修道院，米斯特拉斯考古遗址，罗得中世纪古城	18

洲	区域	国家	世界文化遗产 （包括世界文化遗产、自然与文化双遗产、世界文化景观三类。下列表中加粗者为本书详细介绍项目）	总数
欧洲	西欧	意大利	**卡塞塔的18世纪花园皇宫、凡韦特里水渠和圣莱乌西建筑群**，罗马历史中心——享受治外法权的罗马教廷建筑和缪拉圣保罗弗利（与梵蒂冈共享），梵尔卡莫尼卡谷地岩画，**庞贝、赫库兰尼姆和托雷安农齐亚塔考古区**，提沃利的阿德利阿纳村庄，阿奎拉古迹区及长方形主教教堂，**比萨大教堂广场**，**佛罗伦萨历史中心**，**威尼斯及潟湖**，维罗纳城，绘有达·芬奇《最后的晚餐》的圣玛丽亚感恩教堂和多明各会修道院，阿西西古镇的方济各会修道院与大教堂，文艺复兴城市费拉拉城及波河三角洲，帕多瓦植物园，卡萨尔的古罗马别墅，提沃利城的伊斯特别墅，维琴察城和威尼托的帕拉第奥别墅，阿尔贝罗贝洛的圆顶石屋，马泰拉的石窟民居，拉文纳早期基督教名胜，意大利的伦巴底人遗址，那不勒斯历史中心，乌尔比诺历史中心，蒙特堡，圣吉米尼亚诺历史中心，锡耶纳历史中心，阿达的克里斯匹，皮恩扎历史中心，萨沃王宫，摩德纳的大教堂、市民塔和大广场，巴鲁米尼的努拉格，韦内雷港、五村镇及沿海群岛，阿马尔菲海岸景观，阿克里真托考古区，奇伦托和迪亚诺河谷国家公园、帕埃斯图姆和韦利亚考古遗址，晚期的巴洛克城镇瓦拉迪那托，皮埃蒙特与伦巴第圣山，塞尔维托里和塔尔奎尼亚的伊特鲁立亚人公墓，瓦尔·迪奥西亚公园文化景观，锡拉库扎城和潘塔立克石墓群，热那亚——新街和罗利宫殿体系，曼托瓦和萨比奥内塔景观，阿尔布拉/伯尔尼纳文化景观中的雷塔恩铁路，阿尔卑斯山周围的史前湖岸木桩建筑，托斯卡纳地区的梅第奇别墅和花园，皮埃蒙特的葡萄园景观——朗格罗埃洛和蒙菲拉托，巴勒莫的阿拉伯-诺曼风格建筑群及切法卢大教堂和蒙雷阿莱大教堂，15—17世纪威尼斯共和国的防御工事——西方的陆地之国到海洋之国（与黑山、克罗地亚共享）	48

洲	区域	国家	世界文化遗产 （包括世界文化遗产、自然与文化双遗产、世界文化景观三类。下列表中加粗者为本书详细介绍项目）	总数
欧洲	西欧	西班牙	阿兰胡埃斯文化景观，瓦伦西亚丝绸交易厅，阿塔皮尔卡考古遗址，阿尔塔米拉洞窟，伊比利亚半岛地中海盆地的石壁画艺术，安特克拉石板坟遗迹，比利牛斯-珀杜山（与法国共享），冈斯特拉的圣地亚哥之路，圣米兰的尤索和素索修道院，历史名城托莱多，科尔多瓦历史中心，瓜达卢佩的圣玛利皇家修道院，塞维利亚大教堂、城堡和西印度群岛档案馆，乌韦达和巴埃萨城文艺复兴时期的建筑群，埃纳雷斯堡大学城及历史区，马德里埃斯科里亚尔修道院和遗址，巴塞罗那的帕劳音乐厅及圣保罗医院，水银遗产——阿尔马登与伊德里亚（与斯洛文尼亚共享），卢戈的罗马城墙，格拉纳达的艾勒汉卜拉、赫内拉利费和阿尔巴济，布尔戈斯大教堂，塞哥维亚古城及其输水道，奥维耶多古建筑和阿斯图里亚斯王国，圣地亚哥－德孔波斯特拉古城，阿维拉古城及城外教堂，阿拉贡的穆德哈尔式建筑，卡塞雷斯古城，萨拉曼卡古城，波夫莱特修道院，梅里达考古群，城墙围绕的历史名城昆卡，拉斯梅德拉斯，科阿山谷和席尔加·维德岩石艺术考古区（与葡萄牙共享），拉古纳的圣克斯托瓦尔，博伊谷地的罗马式教堂建筑，塔拉科考古遗址，埃尔切的帕梅拉尔，比斯开桥，海克力士塔，特拉蒙塔那山区文化景观，安东尼·高迪的建筑作品，伊维萨岛的生物多样性和特有文化	42
		葡萄牙	葡萄酒产区上杜罗，吉马良斯历史中心，科英布拉大学——阿尔塔和索菲亚，哲罗姆派修道院和里斯本贝莱姆塔，亚速尔群岛英雄港的城镇中心区，托马尔的基督会院，巴塔利亚修道院，埃武拉历史中心，阿尔科巴萨修道院，辛特拉文化景观，波尔图历史中心，科阿谷和谢加贝尔德的史前岩石艺术遗迹（与西班牙共享），皮库岛葡萄园文化景观，带驻防的边境城镇埃尔瓦斯及其防御工事	14
		瑞士	伯尔尼古城，制表城镇拉绍德封与勒洛克规划，阿尔卑斯山周围的史前湖岸木桩建筑（与奥地利、法国、德国、意大利、斯洛文尼亚共享），米施泰尔的本笃会圣约翰女修道院，圣加尔修道院，拉沃葡萄园梯田，阿尔布拉-伯尼纳文化景观中的雷塔恩铁路（与意大利共享），柯布西耶的建筑作品——对现代主义运动的杰出贡献（7国共享），贝林佐纳三座要塞及防卫墙和集镇	9

洲	区域	国家	世界文化遗产 （包括世界文化遗产、自然与文化双遗产、世界文化景观三类。下列表中加粗者为本书详细介绍项目）	总数
欧洲	西欧	法国	**枫丹白露宫及庭院**,**凡尔赛宫及其园林**,**肖维岩洞**,**亚眠大教堂**,**米迪运河**,巴黎塞纳河畔,**香槟地区的山坡葡萄园**、**酒庄与酒窖**,奥朗日古罗马剧院和凯旋门,圣米歇尔山及其海湾,沙特尔大教堂,韦兹莱教堂和山丘,韦泽尔峡谷洞穴群与史前遗址,阿尔勒城的古罗马建筑,丰特莱的西斯特尔教团修道院,阿尔克-塞南皇家盐场,南锡的斯坦尼斯拉斯广场、卡里埃勒广场和阿莱昂斯广场,圣塞文-梭尔-加尔坦佩教堂,加尔桥(古罗马输水道),斯特拉斯堡——大岛,兰斯的圣母大教堂,原圣勒弥修道院和塔乌宫,布尔日大教堂,阿维尼翁——教皇宫、主教圣堂和阿维尼翁桥,卡尔卡松历史要塞城堡,里昂的历史遗迹,法国圣地亚哥-德孔波斯特拉朝圣之路,比利时和法国的钟楼,圣艾米伦区,从卢瓦尔河畔的叙利至沙洛纳之间的卢瓦尔河谷,普罗万中世纪古镇,勒阿弗尔-奥古斯特·佩雷重建之城,波尔多月亮港,沃邦设计的堡垒建筑,阿尔比主教城,阿尔卑斯山周围的史前湖岸木桩建筑(与瑞士、奥地利、意大利、德国、斯洛文尼亚共享),喀斯和塞文-地中海农牧文化景观,北部-加来海峡的采矿盆地,勃艮第葡萄园风土,柯布西耶建筑作品——对现代主义运动的杰出贡献(7国共享),塔普塔晋阿泰	40

续　表

洲	区域	国家	世界文化遗产 （包括世界文化遗产、自然与文化双遗产、世界文化景观 三类。下列表中加粗者为本书详细介绍项目）	总数
欧洲	老欧洲	德国	**波兹坦与柏林的宫殿与庭园**,亚琛大教堂,希尔德斯海姆的圣玛丽大教堂和圣米迦勒教堂,古典魏玛,**柏林博物馆岛**,弗尔克林根钢铁厂,莱茵河中上游河谷,罗马帝国边界（与英国共享）,斯佩耶尔大教堂,维尔茨堡宫、宫廷花园和广场,维斯教堂,布吕尔的奥古斯塔斯堡古堡和法尔肯拉斯特古堡,特里尔的古罗马建筑和教堂,汉萨同盟城市吕贝克,洛尔施修道院和老教堂,拉默尔斯堡矿山、戈斯拉尔古城和上哈茨的水动力采矿系统,班贝格城,莫尔布龙修道院,奎德林堡神学院、城堡和古城,魏玛和德绍的包豪斯建筑及其遗址,科隆大教堂,埃斯莱本和维滕贝格的路德纪念馆建筑群,瓦特堡城堡,德绍-沃尔利茨园林王国,赖谢瑙修道院之岛,埃森的矿业同盟工业区景观,施特拉尔松德与维斯马历史中心,不来梅市场的市政厅和罗兰像,马斯科夫公园/马扎科夫斯基公园（与波兰共享）,包括施达特阿姆霍夫的雷根斯堡老城,阿尔卑斯山周围的史前湖岸木桩建筑（与瑞士、奥地利、法国、意大利、斯洛文尼亚共享）,阿尔费尔德的法古斯工厂,拜罗伊特的侯爵歌剧院,威海姆苏赫山地公园,卡洛林时期面西建筑和科尔维城,汉堡仓库城"智利之家",柯布西耶建筑作品一对现代主义运动的杰出贡献（7国共享）,施瓦本侏罗山的洞穴和冰川时代的艺术。	38
		荷兰	**金德代克-埃尔斯豪特风车群**,斯霍克兰及周围地区,阿姆斯特丹的防线,威廉斯塔德历史区、内城和港口,沃达蒸汽泵站,比姆斯特尔圩田,里特费尔德的施罗德住宅,辛厄尔运河内侧的阿姆斯特丹17世纪运河环形区域,范内勒工厂	9
		挪威	**阿尔塔岩画**,布吕根,乌尔内斯木板教堂,勒罗斯矿业城镇和圆周区,维加群岛,斯特鲁维地理探测弧线-挪威（10国共享）,尤坎-诺托登工业遗址	7
		爱尔兰	**斯凯利格·迈克尔岛**,博恩宫考古遗址群	2

洲	区域	国家	世界文化遗产 （包括世界文化遗产、自然与文化双遗产、世界文化景观三类。下列表中加粗者为本书详细介绍项目）	总数
欧洲	西欧	英国	**基尤皇家植物园（邱园）、威斯敏斯特宫、西敏寺和圣玛格丽特教堂、巨石阵、埃夫伯里及周围的巨石遗迹、海上商城利物浦**，铁桥峡谷，圭内斯郡爱德华国王城堡和城墙，达勒姆城堡和大教堂，**圣基尔达，包括方廷斯修道院遗址的斯塔德利皇家公园，布莱尼姆宫，巴斯城，罗马帝国的边界（与德国共享）**，坎特伯雷大教堂、圣奥斯汀修道院和圣马丁教堂，**伦敦塔，爱丁堡的老城和新城，格林尼治海岸区**，奥尼克的新石器时代遗址，布莱纳文工业景观，百慕大圣乔治古镇及相关要塞，德文特河谷工厂群，多塞特和东德文海岸，新拉纳克，索尔泰尔，康沃尔和西德文矿业景观，庞特基西斯特输水道及运河，尼安德罗岩洞及周边环境，英格兰湖区	27
小计			欧洲 34 国，共 373 处世界文化遗产，介绍 140 处	
大洋洲	南太平洋	斐济	**莱武卡历史港口镇**	1
南美洲	拉美	智利	**拉帕努伊国家公园（复活节岛），奇洛埃的教堂群，瓦尔帕莱索港口城市历史区**，亨伯斯通和圣劳拉硝石采石场，塞维尔铜矿城，印加路网（与阿根廷、玻利维亚、哥伦比亚、厄瓜多尔、秘鲁共享）	6
		阿根廷	**平图拉斯河的手洞，塔夫拉达·德乌玛瓦卡，科尔多瓦耶稣会街区和庄园，印加路网（与智利、秘鲁、玻利维亚、哥伦比亚、厄瓜多尔共享）**，瓜拉尼人聚居地的耶稣会传教区（与巴西共享），柯布西耶建筑作品——对现代主义运动的杰出贡献（与瑞士、法国、比利时、印度、日本、德国共享）	6
小计			大洋洲与拉美 3 国，共 13 处世界文化遗产，介绍 10 处	
总计			列入 88 国，共 662 处世界文化遗产，介绍 338 处	

中国与"一带一路"国家伙伴关系表

序号	区域 类型	亚洲	欧洲	非洲	南美洲	大洋洲
1	全面战略 协作伙伴关系		俄罗斯			
2	全天候战略 合作伙伴关系	巴基斯坦				
3	全面战略 合作伙伴关系	柬埔寨、老挝、泰国、缅甸、越南		埃塞俄比亚、肯尼亚		
4	全面战略 伙伴关系	哈萨克斯坦、印度尼西亚、伊朗、马来西亚、沙特阿拉伯、乌兹别克斯坦、蒙古、塔吉克斯坦	希腊、意大利、西班牙、白俄罗斯、匈牙利、塞尔维亚、波兰、法国、葡萄牙、丹麦	埃及	智利、阿根廷	
5	战略合作 伙伴关系	韩国、斯里兰卡、土耳其、孟加拉、阿富汗、文莱				
6	创新战略伙伴关系		瑞士			
7	全方位战略伙伴关系		德国			
8	面向21世纪全球全面战略伙伴关系		英国			
9	战略伙伴关系	吉尔吉斯斯坦、土库曼斯坦、阿拉伯联合酋长国、卡塔尔、约旦、伊拉克	捷克、乌克兰	吉布提、突尼斯		（相互尊重、共同发展的）斐济
10	面向和平与繁荣的战略合作伙伴关系	印度				

序号	区域 类型	亚洲	欧洲	非洲	南美洲	大洋洲
11	互惠战略伙伴关系		爱尔兰			
12	传统友好合作关系	朝鲜				
13	全面友好合作伙伴关系	（面向未来的）马尔代夫	罗马尼亚、保加利亚			
14	全面合作伙伴关系	（睦邻友好、互信互利的）东帝汶、尼泊尔	荷兰、克罗地亚	（互利共赢的）坦桑尼亚		
15	与时俱进的全方位合作伙伴关系	新加坡				
16	创新全面伙伴关系	以色列				
17	传统合作伙伴关系		阿尔巴尼亚			
总计	64	33	23	6	2	1

后　记

　　笔者关注世界遗产问题至今已经有近 20 年之久了,在 1997—2006 年 10 年间,由于从事国际法教学与研究而开始留意《保护世界文化与自然遗产公约》,并从 2002 年起相继在《广西社会科学》《中国宗教》等期刊发表相关论文。自 2006 年起,笔者主要以《中国近现代史纲要》的教学与研究为主,但对世界遗产的兴趣不息。2016 年底,浙江工商大学出版社编辑沈明珠向笔者组稿,为服务 2017 年首届"一带一路"国际合作高峰论坛大局,提升文化自信与促进文明交流互鉴,笔者上报了"'一带一路'世界文化遗产与文明交流互鉴"选题,很快被出版社鲍观明社长等领导推荐为浙江省迎接十九大主题出版选题。后来有幸获得浙江省社科联普及出版部分资助项目立项与杭州商学院院级课题立项。正当今年夏季笔者全力以赴从事本书写作之时,杭州商学院傅玉颖院长给我带来了援疆支教的历史性机遇,一方面可以为浙江援疆尽绵薄之力,另一方面也正好通过阿克苏这颗丝绸明珠获得对"一带一路"真切的感受。以上这些都是本书编著的内在动因与机缘巧合。

　　在从事本书编著过程中,笔者参考了世界遗产委员会官网、中国世界遗产官网、"一带一路"网等网络数据。书中插图主要以陆上丝绸之路起点——西安,海上丝绸之路起点——泉州为主,都是笔者在今年暑假 10 余天里顶着烈日所摄。关于丝绸之路新疆段的世界遗产照片,则是笔者在新疆时拍摄的。沈明珠编辑积极组稿,细心审稿订正。夫人金晓岚全力支持我写作,承担全部家务。真是无巧不成书,一书之成,背后巧聚了我们这个伟大的新时代诸多方面的因缘助力,在此一并致以最真诚的感谢。

侯富儒

新疆大学科技学院阿克苏校区涌泉湖畔

2017 年 11 月 8 日

图书在版编目（CIP）数据

"一带一路"世界文化遗产与文明交流互鉴 / 侯富儒编著. —杭州：浙江工商大学出版社，2017.12
（2020.4 重印）

ISBN 978-7-5178-2386-5

Ⅰ. ①—… Ⅱ. ①侯… Ⅲ. ①"一带一路"－文化遗产－世界②文化交流－文化史－研究－世界 Ⅳ.
①K103

中国版本图书馆 CIP 数据核字（2017）第 246299 号

"一带一路"世界文化遗产与文明交流互鉴

侯富儒 编著

责任编辑	沈明珠	白小平
封面设计	林朦朦	
责任校对	何小玲	饶晨鸣
责任印制	包建辉	

出版发行　浙江工商大学出版社
（杭州市教工路 198 号　邮政编码 310012）
（E-mail：zjgsupress@163.com）
（网址：http://www.zjgsupress.com）
电话：0571-88904980，88831806（传真）

排　版	杭州朝曦图文设计有限公司	
印　刷	虎彩印艺股份有限公司	
开　本	710mm×1000mm　1/16	
印　张	18.25	
字　数	281 千	
版 印 次	2017 年 12 月第 1 版　2020 年 4 月第 2 次印刷	
书　号	ISBN 978-7-5178-2386-5	
定　价	49.80 元	